W0222439

Weihnachten mit der Maus

Das findest du alles im Buch

Vorwort S. 5

Advent, Advent, ein Lichtlein brennt S. 6

Die Vorweihnachtszeit beginnt – die Maus und ihre Freunde zeigen dir, womit du dir die Wartezeit bis Weihnachten vertreiben kannst

Advent, Advent, das zweite Lichtlein brennt S. 40

In der zweiten Adventswoche wird ganz viel Weihnachtsgebäck gebacken – die Maus und ihre Freunde verraten dir ihre Lieblingsrezepte

Advent, Advent, das dritte Lichtlein brennt S. 66

Die Hälfte hast du geschafft! Noch zwei Wochen bis Weihnachten – es wird Zeit, Geschenke zu basteln! Viel Spaß beim Basteln mit der Maus und ihren Freunden

Advent, Advent, das vierte Lichtlein brennt S. 98

Endlich brennt die vierte Kerze auf dem Adventskranz – bald ist Weihnachten! Die Maus und ihre Freunde helfen dir bei den letzten Vorbereitungen

Register S. 130

Impressum S. 134

Abkürzungen

In Rezepten werden oft Abkürzungen verwendet, damit es nicht so viel zu lesen gibt. Die wichtigsten sind hier einmal aufgelistet, damit du immer weißt, was gemeint ist. Man misst einiges mit Löffeln ab, aber vieles auch mit einer Küchenwaage oder einem Messbecher.

EL = Esslöffel (glatt gestrichen)
TL = Teelöffel (glatt gestrichen)
Msp. = Messerspitze
g = Gramm
kg = Kilogramm
l = Liter
ml = Milliliter
cm = Zentimeter
Min. = Minute
Std. = Stunde
ca. = circa, das heißt „ungefähr"
evtl. = eventuell
°C = Grad Celsius

Basteln, backen & vieles mehr im Advent

Kannst du es auch immer kaum erwarten, dass endlich Weihnachten ist? Vier lange Wochen im Dezember, in denen du die Tage zählst, bis der Weihnachtsmann kommt oder das Christkind, bis der Weihnachtsbaum schön geschmückt und hell erleuchtet ist und alles so festlich-weihnachtlich duftet! Keine Sorge: Die Maus und ihre Freunde zeigen dir in diesem Buch tolle Dinge für die Vorweihnachtszeit, damit die Zeit so schnell wie möglich vergeht!

Die Tage zählen

Sicherlich hast du auch einen Adventskalender, bei dem du ab dem 1. Dezember jeden Tag ein Türchen oder Säckchen öffnen darfst. Ab Seite 26 erfährst du, wie du so einen selbst basteln kannst. Und dann duftet der Adventskranz immer so toll mit seinen grünen Tannenzweigen! Aber wusstest du, dass der erste Adventskranz schon vor fast 200 Jahren erfunden wurde? Wer der Erfinder war und warum, erfährst du auf Seite 8.

Maus, Elefant und Ente verraten dir noch viel mehr spannende und interessante Dinge rund um Weihnachten. Zum Beispiel wissen sie, warum wir Weihnachten überhaupt feiern und uns dabei etwas schenken, was Tomte, die Hexe Befana und Väterchen Frost mit Weihnachten zu tun haben oder wieso das Fest nicht überall auf der Welt am selben Tag gefeiert wird.

In der Bastel- und Backstube

Und dann kannst du die Zeit vor Weihnachten natürlich wunderbar nutzen, um Geschenke zu basteln – wie Mäuse aus Zapfen, Rentiere aus Korken oder eine Glitzer-Schneekugel – oder Weihnachtsgebäck zu backen. Lass dir von der Maus und ihren Freunden zeigen, wie das geht. Sie verraten dir die besten Basteltipps und ihre liebsten Backrezepte für Engelsaugen, Weihnachts-Cupcakes und vieles mehr.

Und nun: frohe Vorweihnachtszeit!

Advent, Advent, ein Lichtlein brennt

Die Vorweihnachtszeit beginnt – ab jetzt kannst du die Tage bis Heiligabend zählen! Maus, Elefant und Ente zeigen dir, was du alles Schönes machen kannst, um dir die Wartezeit zu verkürzen.

Wer hat den Adventskranz erfunden?

Dieser besondere Kranz duftet herrlich nach Tannennadeln und sieht so schön festlich aus auf dem Tisch oder wenn er von der Decke hängt! Jeden Adventssonntag wird eine weitere Kerze entzündet, bis endlich, endlich vier brennen – dann ist (bald) Weihnachten!

Stell dir vor, man kennt den Adventskranz schon seit fast 200 Jahren! Denn damals waren die Kinder genauso ungeduldig wie heute. Um ihnen die Zeit bis Weihnachten zu verkürzen, hatte ein Mann namens Johann Hinrich Wichern im Jahre 1839 eine ganz besonders gute Idee: Er nahm ein großes hölzernes Wagenrad und befestigte darauf so viele Kerzen, wie es Tage vom ersten Advent bis zum Heiligen Abend waren. Die Kerzen für die einfachen Tage waren damals klein und rot, die der vier Adventssonntage groß, dick und weiß. Jeden Tag ab dem ersten Adventssonntag wurde dann eine Kerze entzündet, sodass die Kinder immer gleich wussten, wie viele Tage es noch bis Weihnachten waren.

Die kreisrunde Form des Adventskranzes ist bis heute geblieben. Aber unser Kranz wird meist aus Tannenzweigen gesteckt und ihn zieren nur noch die vier großen Adventssonntagskerzen. So ein großer Adventskranz, wie es für alle Kerzen bräuchte, hat nämlich kaum Platz in einer normalen Küche. Die Kerzen dürfen auch nicht zu eng zusammenstehen, denn sonst bringen sie sich gegenseitig zum Schmelzen.

Ein Kranz geht um die Welt

Die Tradition des Adventskranzes ist von Deutschland aus vor fast 100 Jahren in die ganze Welt gewandert – es gibt den Kranz dort (und inzwischen ebenfalls bei uns) allerdings auch in allen möglichen Größen, Formen und Materialien: kreisrund, in Sternform, aus Plastik, Porzellan, Frottee, ausklappbar für die Reise und vieles mehr. Es gibt aber auch noch andere Traditionen und Rituale zur Adventszeit. Du erfährst sie in diesem Buch.

An das hölzerne Wagenrad von früher (unten) erinnert heute nur noch die runde Form des Adventskranzes. Meist ist er aber viel kleiner und hat nur vier Kerzen.

Einen Adventskranz selbst binden

Dafür brauchst du:

- *1 große Schere oder Gartenschere*
- *1–2 Bund Tannengrün**
- *1 Strohkranz (30 cm* Durchmesser)*
- *1 Rolle grünen Basteldraht**
- *4 große Kerzenhalter*
- *4 große Kerzen*

*** Tannengrün gibt es im Blumenladen oder beim Wochenmarkt, Strohkränze im Baumarkt, im Bastel- oder Blumenladen und Basteldraht gibt es im Bastelladen oder im Baumarkt.**

Wenn du ein kleiner Sucher und Entdecker bist, dann findest du auf deinen Streifzügen draußen bestimmt immer mal etwas, was du mit nach Hause bringst: Tannenzapfen, Zweige, besonders schöne Blätter, Nüsse, Federn oder einen Zweig mit Beeren. Wie wäre es, wenn du damit euren eigenen Adventskranz schmückst? Wie man den macht, erfährst du hier.

Zuerst schneidest du vom Tannengrün etwa 15 cm lange Zweige ab. Du brauchst für deinen Kranz eine ganze Menge. Aber wenn es am Ende nicht reicht, kannst du ja noch welche nachschneiden.

Lege dann immer etwa 5 Zweige zusammen. Du kannst die Bündel auch jeweils mit etwas Draht zusammenbinden, damit dir die Zweige nicht wegrutschen.

Lege das erste Zweigbündel nun auf den Strohkranz **(Bild 1)**. Nimm die Drahtrolle und rolle etwas Draht ab. Umwickle die Zweigenden und den Kranz etwa dreimal, sodass die Zweige richtig schön fest auf dem Kranz sitzen. Verdrehe das Drahtende, schneide es aber nicht ab, sondern lege die Rolle einfach ab. Die brauchst du gleich für das nächste Zweigbündel. ⟶

1.

Verwende ganz frische Zweige für den Kranz. Du kannst ihn aber auch ab und zu mit einer Sprühflasche mit Wasser leicht befeuchten, so bleibt er länger frisch.

2.

3.

Einen Adventskranz selbst binden

Der Draht wird erst ganz am Ende abgeschnitten, wenn unser Kranz vollständig mit Zweigen bedeckt ist.

Lege jetzt das nächste Zweigbündel etwas versetzt (wie Fischschuppen) über das Ende der bereits befestigten Zweige. Auch hier wird das Ende wieder dreimal schön fest mit dem Draht umwickelt und sein Ende verdreht.

Das machst du jetzt so lange, bis der ganze Kranz mit Zweigbündeln bedeckt ist **(Bild 2).**

Dann schneidest du den Draht nicht zu kurz ab und steckst das Ende in den Strohkranz hinein.

Als Nächstes werden die Kerzenhalter in den Kranz gesteckt, und zwar so, dass sie sich gegenüberstehen. Dann stellst du die Kerzen darauf **(Bild 3).**

Und jetzt kommt der große Spaß: Schmücke deinen Adventskranz so, wie du es magst – mit kleinen Kugeln, bunten Schleifen oder dem selbst gebastelten Schmuck von Seite 34. Achte nur darauf, dass nichts von der Deko den Kerzen zu nahe kommt, damit sie kein Feuer fängt. Sitzen die Dinge zu locker, binde sie mit Draht fest.

Die besten Kerzen für einen Kranz sind Stumpen- oder Stabkerzen, die sind schön stabil. Außerdem gibt es sie in der richtigen Größe. Wichtig ist, dass die Kerzen ungefähr anderthalbmal so groß sind, wie der Kranz hoch ist. Wenn dein Kranz zum Beispiel 10 cm hoch ist, dürfen die Kerzen 15 cm groß sein.

Im Winter kannst du nachts, bei klarem Himmel, Sternenbilder suchen. Das Bild oben zeigt das Sternbild Orion. Unten siehst du, wie die Erde sich im Jahreslauf einmal um die Sonne dreht.

Wann fängt der Winter an?

Wusstest du, dass es zwei verschiedene Winteranfänge gibt? Einmal den sogenannten kalendarischen oder astronomischen Winteranfang, der ist am 21. oder 22. Dezember. Denn das ist der kürzeste und damit dunkelste Tag im Jahr. Und dann den meteorologischen, der beginnt schon am 1. Dezember. Es ist nämlich einfacher, den Winter am Anfang des Monats beginnen zu lassen, als in der Mitte, wenn man zum Beispiel die Temperaturen zwischen dem letzten, dem neuen und einem Winter vor ganz langer Zeit vergleichen will. Meteorologen sind übrigens Wetterkundler. Sie zählen die drei Monate Dezember, Januar und Februar zu den Wintermonaten.

Warum gibt es Winter?

Die Erde dreht sich nicht nur einmal am Tag um sich selbst, sondern auch innerhalb eines Jahres einmal ganz um die Sonne. Das tut sie aber nicht in einem runden Bogen, sondern etwas schief, wie auf einer Ellipse, weil die Erde nicht ganz gerade steht. Daher sind auch nicht alle Tage gleich lang und gleich warm: Die Tage im Winter sind kürzer und kälter als im Sommer. Am kürzesten Tag des Jahres, dem 21. Dezember, ist der Nordpol der Erde am weitesten von der Sonne weggeneigt. Dadurch ist bei uns im Winter die sonnenbeschienene Fläche besonders klein, sodass wir nur eine kurze Sonnenscheindauer haben. Wir sehen das daran, dass die Sonne nicht besonders hoch am Himmel aufsteigt, sondern nur einen niedrigen Bogen beschreibt, sodass sie nach wenigen Stunden den Horizont im Westen erreicht hat. Darum sind die Tage bei uns im Winter so viel kürzer. Kälter wird es auch, weil die Erde besonders weit von der Sonne weggeneigt ist und ihre Strahlen nicht mehr so gerade, konzentriert und gebündelt auf uns scheinen wie im Sommer. Stattdessen verteilen sie sich auf einen viel größeren Bereich und fallen auch flacher auf die Erdoberfläche. So verteilt sich die Kraft der Sonne mehr und es wird nicht mehr so warm.

Bilderrahmen-Wunschzettel

Dafür brauchst du:

- *1 großen Bogen Pappe oder dickes Papier (darf auch farbig sein)*
- *Lineal*
- *Buntstifte*
- *farbiges Klebeband**

1. Lege die Pappe/das Papier quer vor dich auf den Tisch und schreibe in großen Buchstaben oben drüber: MEIN WUNSCHZETTEL. Du kannst natürlich auch deinen Namen einsetzen, damit im Weihnachtspostamt ganz sicher nichts verwechselt wird.

2. Male dann auf deinen Papp- oder Papierbogen verschieden große Vier- und Rechtecke (mithilfe des Lineals) und große und kleinere Kreise.

3. Verziere dann ihre Ränder mit hübschen Mustern, als wären es Bilderrahmen, oder umklebe sie mit dem Klebeband.

4. Jetzt kannst du in jedes „Bild" einen Wunsch malen oder auch kleben, wenn du ein Bild davon hast (zum Beispiel aus einem Katalog). So entsteht ein ganz kunterbunter Wunschzettel!

*** Washi-Tape, vielleicht in weihnachtlichen Farben oder Silber/Gold**

MEIN
WUNSCHZETTEL

MEIN WUNSCHZETTEL
Spielauto
Bücher
Überraschung
Hund
Fahrrad

Wunschlisten-Wunschzettel

Dafür brauchst du:

- *1 Bogen Papier (gern ein farbiges)*
- *Buntstifte**
- *Lineal*
- *Stempel und Stempelkissen*
- *Glitzersterne oder deine Lieblingsdeko*
- *Kleber*

1. Lege das Papier hochkant vor dir auf den Tisch und schreibe in großen Buchstaben oben drüber: MEIN WUNSCHZETTEL. Du kannst natürlich auch deinen Namen einsetzen.

2. Ziehe nun untereinander mit dem Lineal Linien von einer Seite des Blattes zur anderen. Lass vielleicht am Rand etwas Platz, damit du ihn nachher noch verzieren kannst. Achte darauf, dass du zwischen den Linien genug Platz lässt, dass du gut darin schreiben kannst.

3. Jetzt kannst du auf jede Linie einen Wunsch schreiben. Das kannst du in einer Farbe machen oder auch ganz bunt.

4. Am Ende verzierst du deinen Wunschzettel dort, wo Platz ist, mit Stempeln oder bunten Girlanden, die du selbst malst, oder du klebst ein paar Glitzersterne auf.

*** Oder auch einen silber- oder goldfarbenen Stift**

Barbarazweige – Frühling im Winter

Am 4. Dezember ist der Barbaratag. Es ist der Tag, an dem du ein paar Zweige abschneiden kannst, um an Weihnachten vielleicht ein kleines Wunder zu erleben … Mache dich dazu an dem Tag auf in den Garten. Schneide Zweige von einem Kirschbaum ab und auch von den Forsythien (gesprochen: „Forsizien"), wenn du magst. Am besten suchst du nach solchen, die dicke, rundliche Knospen haben – das sind die Blütenknospen. Wenn ihr keinen Garten habt, dann kannst du die Zweige natürlich auch im Blumenladen kaufen.

Natur nachspielen

Lege die Zweige noch eine Nacht ins Tiefkühlfach. Denn damit sie austreiben können, brauchen sie zuerst Frost. Da sie diesen nicht mehr im Garten erleben können, ahmen wir ihn mit der Kälte des Tiefkühlfachs nach. Am nächsten Tag legst du die Zweige für ein paar Stunden in lauwarmes Wasser. Das ist für sie wie das Frühlingserwachen.

Schneide die Zweige danach unten schräg an, kratze dort etwas Rinde ab und stelle sie in eine Vase mit lauwarmem Wasser ans Fenster. Alle drei Tage brauchen die Zweige neues lauwarmes Wasser. Und ab und zu kannst du sie mit etwas Wasser besprühen, weil die Heizungsluft so trocken ist.
Und dann heißt es: abwarten. Wenn du ein bisschen Glück hast, werden pünktlich zu Weihnachten die Forsythien gelb und die Kirschblüten rosa-weiß aufblühen. Denn im Warmen ist für sie Frühling. Und so blühen sie schon viel früher als draußen, wo mitunter noch tiefer Winter herrscht. Wenn das kein Glück bringt!

Wünsche erfüllen

Idee: Jedes Familienmitglied schreibt einen Wunsch auf einen Zettel. Dann sucht sich jeder einen der noch ruhenden Zweige aus und hängt seinen Zettel daran. Wenn sich an deinem Zweig als Erstes die Blüten zeigen, wird dein Wunsch erfüllt.

Gewürzschokolade und Kinderpunsch

Für 4 Tassen Gewürzschokolade:

100 g Sahne
½ l Milch
100 g Vollmilch- oder Zartbitterschokolade
gemahlene Vanille
Zimtpulver
Kardamompulver

Für 4 Gläser Kinderpunsch:

300 ml schwacher schwarzer Tee oder Früchtetee
200 ml Apfelsaft
300 ml Orangensaft (oder roter Saft)
1 Zimtstange
Honig (nach Belieben)

Zubereitungszeit:
ca. 15 Minuten

Für die Gewürzschokolade schlage die Sahne mit den Quirlen des Handrührgeräts in einem hohen Gefäß steif. Erhitze dann die Milch in einem Topf.

Hacke die Schokolade grob und rühre sie in die Milch. Nimm den Topf vom Herd und lass die Schokolade unter Rühren darin schmelzen.

Würze die heiße Schokolade mit Vanille, Zimt und Kardamom so, wie es dir schmeckt. Wenn du ein Gewürz nicht magst, lass es einfach weg.

Verrühre dann alles gut mit dem Schneebesen und teile die Trinkschokolade auf vier Tassen auf.

Gib je 1 Sahnehäubchen obendrauf und bestäube sie mit etwas Zimt.

Für den Kinderpunsch fülle den Tee mit dem Apfelsaft, dem Orangensaft und der Zimtstange in einen Topf und erhitze alles. Lass den Punsch 5 Minuten ziehen.

Fische dann die Zimtstange heraus und süße den Punsch nach Belieben noch mit etwas Honig.

Die Geschichte des Adventskalenders

Der Adventskalender versüßt uns das Warten auf den Heiligen Abend. Das ist der Tag, an dem Jesus vor über 2.000 Jahren in Bethlehem geboren wurde. Den Brauch des Adventskalenders gibt es aber erst seit fast 200 Jahren. Und auch das ist ja schon ganz schön lange. Der Adventskalender damals war allerdings noch nicht so, wie wir ihn heute kennen.

Geschichten zur Vorweihnachtszeit

Früher wurden jeden Tag bis Weihnachten Geschichten aus der Bibel vorgelesen, Gedichte aufgesagt und gemeinsam gesungen. Das war zwar auch für die Kinder schön, aber sie konnten sich trotzdem so schwer vorstellen, wie lange es noch dauern würde, bis endlich Weihnachten war. Also dachten sich die Eltern von früher etwas aus: Es wurde jeden Tag eine weitere Kerze entzündet oder ein neues von 24 weihnachtlichen Bildern an die Wand oder ans Fenster geklebt. Andere malten 24 Kreidestriche an die Schranktüren, die Kinder durften jeden Tag einen Strich wegwischen. Andere Kinder legten täglich einen Strohhalm mehr in eine kleine, hölzerne Krippe, damit das Jesuskind am 24. Dezember schön weich lag, oder hängten jeden Tag ein gebasteltes Sternchen an einen kleinen Tannenbaum, der in der Wohnung stand.

Die „Weihnachtsuhr"

Und es gab sogar eine „Weihnachtsuhr", deren Ziffernblatt in 24 Teile unterteilt war, auf denen weihnachtliche Liedtexte oder Geschichten standen. Jeden Tag wurde der Zeiger einen Schritt weitergestellt und vorgelesen, was dort stand. Diese Weihnachtsuhr war ein bisschen der Vorläufer zu unseren heutigen Adventskalendern mit Türchen, die geöffnet werden, um zu entdecken, was dahinter versteckt ist: Bildchen oder Schokoladenfiguren. Der Adventskalender aus 24 Säckchen mit kleinen Geschenken kommt ursprünglich aus Skandinavien.

22
18
23
11
12
1
10
9
No. 7
No. 17
13
6
15
5
No. 24
No. 2
21
4
20
3
14

Adventskalender selbst basteln

Dafür brauchst du:

- *Schere oder Kreisstanzer**
- *24 Pappbecher*
- *bunte Papiere*
- *Stempelzahlen (oder du malst sie mit der Hand mit einem schönen Stift)*
- *Kleber*
- *Stempelkissen in Schwarz und Silber*
- *Bleistift mit Radiergummi-Ende*
- *grauen Fotokarton*
- *farbiges Klebeband (Washi-Tape)*
- *Pompon-Maker**
- *1 Knäuel weiße Wolle*

*** Gibt's im Bastelladen.**

Mit der Schere/dem Stanzer schneidest du 24 unterschiedlich große Kreise (Durchmesser 1 bis 3 cm) aus den bunten Papieren aus. Die bestempelst du oder beschreibst sie mit Zahlen von 1 bis 24 und klebst sie auf die Becherseiten.

Tupfe mit dem Radiergummi-Ende des Bleistifts auf das silberne Stempelkissen und dann auf einige Becherseiten. Das glitzert wie Schneeflocken.

Die Becher werden jetzt mit den Geschenken befüllt. Das machen wahrscheinlich Mama oder Papa. Sie müssen dann auch den Rest der Bastelanleitung erledigen. Wenn du den Adventskalender verschenken willst, befülle sie selbst.

Schneide nun die Deckel aus dem Fotokarton in den richtigen Größen aus. Die klebst du dann mit dem farbigen Klebeband auf die Becher, um sie zu verschließen.

Mit dem Pompon-Maker fertigst du nun nach Gebrauchsanleitung Pompons aus der Wolle und klebst sie auf einige Becher – das sind deine watteweichen, großen Schneeflocken.

Kleine Geschenke für den Adventskalender

Wenn du einen Adventskalender verschenken willst, kannst du dir selbst ausdenken, was du darin verstecken möchtest. Das können natürlich Schätze sein, die du gesammelt hast, wie besonders hübsche Steine, Zapfen, Nüsse oder eine Feder. Du kannst auch etwas basteln, denke nur daran, dass es klein genug sein muss, damit es in die Becher passt.

Gekaufte Kleinigkeiten

Wenn du ein bisschen Taschengeld übrig hast, kannst du dich auch mal umsehen nach Kleinigkeiten im Spielwarenladen: Straßenkreide, bunte Stifte, Kindertattoos, ein Flummi oder Murmeln sind zum Beispiel Dinge, über die sich der oder die Beschenkte bestimmt freut. Wenn der Adventskalender für einen Erwachsenen sein soll, dann machst du ihm die größte Freude mit etwas Selbstgemachtem. Ideen für Kleinigkeiten zu kaufen wären vielleicht ein kleines Stück gut riechende Seife, kleine Täfelchen Schokolade, Schmuck für den Weihnachtsbaum, ein farbiges Teelicht ...

Drei Ideen zum Selbstbasteln

Trinkschokolade am Stiel: Für 6 Stück brauchst du 200 g Kuvertüre, 6 kurze Holzstiele, 6 kleine Behälter zum Auskühlen (z. B. kleine Gläschen), Backpapier.

Kleide die Gläschen mit Backpapier aus, damit die abgekühlte Schokolade sich am Ende gut wieder daraus lösen lässt. Hacke die Kuvertüre fein und schmilz sie im Wasserbad. Fülle je 1 EL flüssige Schokolade in die Gläschen. Sobald sie beginnt, fester zu werden, steckst du die Holzstiele in der Mitte hinein und lässt alles ganz fest und kalt werden. Die Schokolade am Stiel verpackst du dann in kleine Papiertüten.
Zum Trinken muss dann nur ein Glas Milch erhitzt werden und der Stiel mit der Schokolade hineingehalten werden. Die Schokolade löst sich automatisch auf.

Zaubernuss: Du brauchst einen kleinen Edelstein/Glasstein/Murmel, Kleber und eine geöffnete, leere Walnuss.

Lege einen kleinen Edelstein, einen schönen Glasstein oder eine Murmel in eine Hälfte der Walnuss. Dann klebst du die andere Hälfte der Nuss darauf, die Ränder müssen gut zusammenpassen. Drücke die Hälften ein paar Minuten fest aneinander, damit sie auch gut zusammenhalten.

Die Zaubernuss kann dann vom Beschenkten mit einem Nussknacker geöffnet werden und er entdeckt darin die kleine Überraschung.

Wachsbilder: Du brauchst ein paar Reste von bunten Kerzen, einen Becher mit Wasser, einen Zahnstocher und einen Faden (zum Aufhängen).

Zünde eine Kerze an und halte sie schräg über den Becher mit Wasser. Das Kerzenwachs tropft nun in einzelnen Tröpfchen ins Wasser. Wechsele die Kerzen, sodass du verschiedene Farben hast. Tropfe so lange mit Wachs in das Wasser hinein, bis die ganze Oberfläche mit Wachstropfen bedeckt ist. Wenn alle Tröpfchen gut miteinander verbunden sind, kannst du das fertige Bild vorsichtig aus dem Wasser herausholen.

Auch kleine Zapfen lassen sich hübsch verzieren und verschenken. Male sie an oder bastle daraus kleine Mäuse (Seite 57).

Mit einem Zahnstocher stichst du dann ein Loch in das Bild, nicht zu nah an den Rand, damit das Bild nicht bricht. Hier hindurch ziehst du einen Faden, an dem man das Wachsbild aufhängt, sodass das Licht schön hindurchscheinen kann.

Wenn du andere Formen tropfen willst, brauchst du ein paar Plätzchenausstecher. Fülle etwas Wasser in einen tiefen Teller und lege den Ausstecher auf den Grund. Nun tropfst du das Wachs in den Ausstecher hinein, bis er ganz ausgefüllt ist.

Putzige Socken-Schneemänner

Dafür brauchst du:

- *1 weiße Socke*
- *Schere*
- *Schnur*
- *Reis*
- *1 länglichen Stoffstreifen (von einem Rest Stoff oder einer farbigen Socke)*
- *2 Knöpfe (am besten bunt)*
- *Kleber**
- *3 Stecknadeln (2 schwarze, 1 orangefarbene)*

*** Perfekt ist Kraftkleber, der hält besonders gut; gibt's im Bastelladen und im Drogeriemarkt.**

Als Erstes schneidest du die weiße Socke unterhalb der Ferse ab **(Bild 1).**

Drehe sie nun auf die andere Seite. Binde das Ende, das näher an der Ferse dran ist, mit Schnur zu. Drehe die Socke wieder um und befülle sie mit Reis. Lass etwa 3 cm zum Rand frei. Binde ein Stück Schnur um das obere Ende und knote es zu.

Jetzt kommt der Kopf: Dazu trennst du mit einem Stück Schnur oben einen kleinen Bereich ab und verknotest die Schnur eng darum **(Bild 2).** Der längliche Stoffrest wird als Schal um diesen „Hals" des Schneemanns gebunden.

Nimm das am Anfang von dir abgeschnittene Stück Socke und schlage den Rand etwa 1 cm um. Das ist nun die Mütze. Dann werden die beiden Knöpfe mit Kleber am Bauch des Schneemanns befestigt.

Was jetzt noch fehlt? Augen und Nase. Dazu steckst du die beiden schwarzen Stecknadeln als Augen in den Kopf, die orangefarbene als Nase **(Bild 3).** Du kannst die Augen und die Karottennase auch aufmalen.

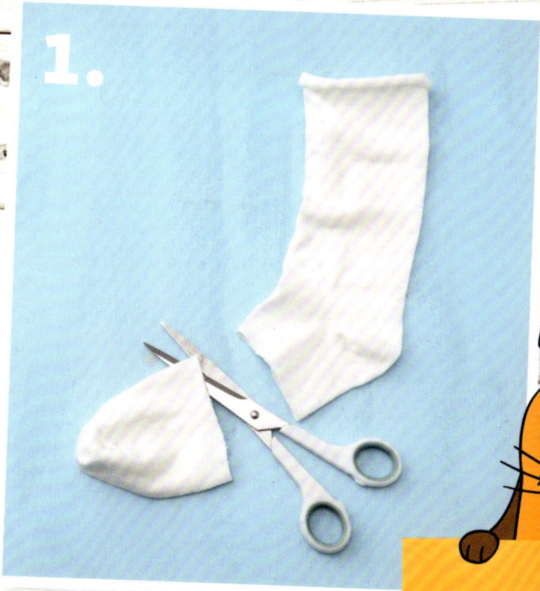

Es will einfach nicht schneien, du möchtest aber unbedingt einen Schneemann bauen? Wie wär's, wenn du einen bastelst? Aus einer einzelnen Socke!

Essbarer Weihnachtsbaumschmuck

Schon seit langer, langer Zeit schmücken Menschen ihren Weihnachtsbaum. Nur früher tat man das nicht mit Christbaumkugeln und Lametta, stattdessen mit allerlei Essbarem wie Äpfeln, Nüssen, Schokolade und Zuckergebäck. Manchmal wurden diese Leckereien auch in Tütchen gefüllt, die wie kleine Schultüten aussahen. Diese durften die Kinder am Weihnachtsabend dann räubern. Darum hängt man noch heute Äpfel in den Weihnachtsbaum, wenn sie auch inzwischen oft unecht sind. Wie wär's? Hänge doch in diesem Jahr auch mal Leckereien in den Weihnachtsbaum. Hier kommen ein paar Ideen.

Für Apfelringe brauchst du:

3 schöne große Äpfel, Apfelentkerner und hübsche Schnur (vielleicht goldene) zum Aufhängen

Wasche die Äpfel und entkerne sie mit dem Apfelentkerner. Dann schneide den Apfel mit einem Messer in Scheiben. Verteile die Apfelringe auf einem großen Teller oder einem Backblech. Dort müssen sie nun ein paar Tage trocknen. Wenn es schneller gehen soll, kannst du sie auch auf dem Backblech bei 80 °C (Ober- und Unterhitze) 1 bis 2 Stunden in den Backofen schieben.

Wenn du jetzt ein hübsches Band durch die Löcher ziehst, kannst du die Apfelringe am Weihnachtsbaum aufhängen. Du kannst sie natürlich auch einfach verputzen.

Für eine Orangengirlande brauchst du:

2–3 Bio-Orangen, Messer, hübsche Schnur zum Aufhängen

Schneide die Orangen in etwas dickere Scheiben und trockne sie mehrere Tage auf Küchenpapier auf der Heizung. Fädele jeweils in einigem Abstand die getrockneten Scheiben auf die Schnur auf.

Auf der nächsten Seite findest du heraus, wie du köstliche Plätzchen für den Weihnachtsbaum machst. Diese sorgen auch für einen ganz besonderen Augen- und Gaumenschmaus.

Rentier-Cookies für den Weihnachtsbaum

Für ca. 80 Stück brauchst du:

350 g Mehl
90 g Zucker
200 g weiche Butter
Salz
100 g gemahlene Haselnüsse
100 g Zartbitterkuvertüre
ca. 80 rote Mini-Schokolinsen

Außerdem:
runden Plätzchenausstecher
Gefrierbeutel

Zubereitungszeit:
ca. 50 Min.
+ ca. 45 Min. Kühlzeit
+ ca. 12 Min. Backzeit

1. Verknete das Mehl mit Zucker, Butter, 1 Prise Salz und Haselnüssen zu einem geschmeidigen Teig. Wickele ihn in Folie und lege ihn etwa 45 Minuten in den Kühlschrank.

2. Heize den Backofen auf 180 °C (Ober- und Unterhitze) vor. Rolle den Teig aus und stich Plätzchen aus.

3. Lege sie auf zwei mit Backpapier ausgelegte Backbleche und lasse die Plätzchen nacheinander im Ofen auf der mittleren Schiene etwa 12 Minuten backen.

4. Hacke nun die Kuvertüre und lass sie in einer Schüssel über dem warmen Wasserbad schmelzen. Fülle die flüssige Kuvertüre danach in einen Gefrierbeutel und schneide von einer Ecke eine winzige Spitze ab.

5. Male damit nun auf jedes Plätzchen Augen, Mund und Geweih. In die Mitte klebst du mit etwas Kuvertüre je 1 Mini-Schokolinse als Nase.

6. Am Schluss stichst du oben sehr vorsichtig und nicht zu weit am Rand mit einer Nadel ein Loch in die Plätzchen und ziehst einen Faden hindurch.

Schwedische Weihnachtswichtel

Dafür brauchst du:

- *große Schüssel*
- *hellen Stoff für den Körper*
- *Stift, Schere*
- *Schnur, Reis*
- *Wolle für den Bart*
- *roten Filz für den spitzen Hut*
- *Kleber oder Nadel und Faden*
- *Holzperle oder Knopf für die Nase*

Stelle die Schüssel auf den Stoff und male mit dem Stift einen Kreis auf den Untergrund, den du anschließend ausschneidest. Falte den Kreis einmal und binde ihn oben mit der Schnur zusammen. Fülle das Säckchen von den Seiten her nun mit dem Reis. Du kannst dafür einen Trichter zu Hilfe nehmen **(Bild 1).**

Dann legst du alle vier Seiten des Stoffes in der Mitte zusammen und bindest sie gut mit der Schnur zu. Fertig ist der Körper deines Wichtels **(Bild 2)!**

Zupfe nun deine Wolle zu einem spitzen Bart zurecht und klebe sie recht weit oben an das zugebundene Reissäckchen **(auch Bild 2).**

Um den Hut zu machen, schneidest du nun ein großes Dreieck aus dem Filz aus und rollst es zu einem Kegel. Diesen klebst oder nähst du zusammen.

Setze den Hut auf das Reissäckchen, sodass der Bart unten noch schön herausguckt **(Bild 3).**

Für die Nase klebst oder nähst du die Holzperle oder den Knopf dicht unterhalb des Hutes auf den Bart. Nun sind deine kleinen Weihnachtswichtel fertig **(auch Bild 3)!**

In Schweden lebt in jedem Haus ein fleißiger Wichtel. An Weihnachten stellen ihm die Menschen eine Schüssel Hafergrütze hin.

Advent, Advent,
das zweite Lichtlein brennt

Die zweite Adventswoche
ist angebrochen – Weihnachten
rückt zwar näher,
aber du musst trotzdem noch sooo
lange warten. Lass dir von der Maus
und ihren Freunden die Zeit
versüßen mit leckeren Plätzchen-
rezepten und vielem mehr!

Nikolaus – Lasst uns froh und munter sein

Vor vielen Hundert Jahren wurde ein Mann geboren, der hieß Nikolaus von Myra. Er hatte viel Geld, aber das wollte er nicht für sich behalten, sondern gab es an die armen Menschen. Er achtete dabei immer darauf, unerkannt zu bleiben. Besonders taten ihm die Kinder leid, die nicht genug zu essen und nichts Warmes zum Anziehen hatten. Einmal hörte er von einer besonders armen Familie mit drei Mädchen. Da band er für jedes der drei einen Goldklumpen in ein Tuch und warf diese nachts durch den Kamin ins Haus. Sie verfingen sich in den darunter zum Trocknen aufgehängten Strümpfen und aufgestellten Schuhen, worin die Mädchen sie am nächsten Morgen voller Freude fanden.

Schuheputzen nicht vergessen!

Darum stellen wir noch heute jedes Jahr in der Nacht zum 6. Dezember unsere geputzten Stiefel und Schuhe vor die Tür, denn das ist der Tag, an dem Nikolaus vor langer, langer Zeit verstorben ist. Man nennt diesen Tag auch seinen „Gedenktag", weil wir dann besonders an ihn denken. In einigen Ländern hängen die Kinder auch Socken an den Kamin. Denn dann kommt der heilige Nikolaus zu ihnen und beschenkt sie mit Nüssen, Mandarinen und Süßigkeiten. Der Nikolaus ist gekleidet in eine lange weiße Kutte, darüber trägt er einen langen Mantel in Rot oder Gold. Auf dem Kopf trägt er eine Mitra – das ist eine verzierte Kopfbedeckung, die spitz zuläuft. In den Händen hält er einen goldenen Stab und sein goldenes Buch, in dem er alles aufgeschrieben hat, was er von den Kindern weiß. Und auf seinem Buch trägt er drei goldene Kugeln.

Der Nikolaus hat auch einen Gehilfen: Knecht Ruprecht. Der schläft das ganze Jahr über versteckt im Wald unter Laub und Moos, bis ihn der Nikolaus einmal im Jahr weckt. Dann trägt er den schweren Sack mit den guten Gaben für die Kinder und begleitet den Nikolaus auf seinem Weg.

Zweierlei Weihnachts-Cupcakes

Für 12 Cupcakes brauchst du:

Für den Teig:
3 Eier
150 g weiche Butter
120 g Zucker
100 g Ricotta
(italienischer Frischkäse)
100 ml Orangensaft
250 g Mehl
½ Päckchen Backpulver

Für die Schneemänner:
150 g Puderzucker
3 EL Zitronensaft
20 g rote Marzipanrohmasse
12 Mini-Marshmallows
braune Zuckerschrift
(aus der Tube)
Mini-Schokolinsen
(egal, welche Farbe)

Oder für die Bäumchen:
600 g Doppelrahmfrischkäse
140 g Puderzucker
grüne Speisefarbe (aus der Tube)
dicke, bunte Zuckerperlen

Außerdem:
Spritzbeutel mit Sterntülle

Zubereitungszeit: *ca. 30 Min. + ca. 20 Min. Backzeit*

1. Den Backofen auf 180 °C (Ober- und Unterhitze) vorheizen. Die Mulden eines Muffinblechs einfetten oder mit Papierförmchen auslegen.

2. Die Eier mit der Butter und dem Zucker mit den Quirlen des Handrührgeräts schaumig rühren. Den Ricotta untermischen. Den Orangensaft unterrühren. Mehl und Backpulver dazugeben und kurz unterrühren. Fülle den Teig mit einem Esslöffel in die Mulden ein und backe sie im Ofen auf der mittleren Schiene etwa 20 Minuten. Dann die Muffins im Blech abkühlen lassen.

3. Den Puderzucker mit dem Zitronensaft verrühren. Davon kommt je 1 großer Klecks in die Mitte der abgekühlten Muffins obendrauf. Aus dem Marzipan 12 kleine Möhren-Nasen formen. Die Marshmallows mittig leicht einritzen. Die Nasenenden in etwas Zuckerguss tauchen, dann in diese Öffnung drücken und fest werden lassen. Die Augen und den Mund mit Zuckerschrift auf die Marshmallows malen. Die fertigen Schneemann-Köpfe auf den noch feuchten Guss setzen und die Schokolinsen als Knöpfe hineindrücken. Wenn der Guss trocken ist, die Arme malen. Als Mützen kannst du die Hülsen von Eiskonfekt-Pralinen nehmen.

4. Den Frischkäse mit Puderzucker verquirlen und die Masse mit grüner Speisefarbe einfärben. In einen Spritzbeutel mit Sterntülle füllen und auf jeden Muffin einen Tannenbaum spritzen: Ziehe einen Kreis mit der Creme oben auf dem Muffin. Eine etwas kleinere Runde obendrauf spritzen und so weiter. Oben endet der Tannenbaum in einer kleinen Spitze. Die „Zweige“ und die Spitze mit den Zuckerperlen schmücken.

Mini-Lebkuchen mit Soft-Kirschen

Für ca. 35 Stück brauchst du:

100 g getrocknete Soft-Kirschen
3 Eier
75 g Zucker, 75 g Honig
1 TL abgeriebene Schale von 1 Bio-Zitrone
2 TL Lebkuchengewürz
250 g gemahlene Mandeln
ca. 35 Backoblaten (à 5 cm Durchmesser)

Zubereitungszeit:
ca. 25 Min.
+ 20–25 Min. Backzeit

Du kannst auch andere Nüsse, andere Früchte oder eine andere Süße nehmen. Mit Walnüssen schmecken die Lebkuchen zum Beispiel kräftiger. Statt der Soft-Kirschen kannst du auch Soft-Aprikosen verwenden.

1. Belege ein Backblech mit Backpapier. Schneide die Kirschen in kleine Stücke.

2. Jetzt schlägst du die Eier mit Zucker, Honig, Zitronenschale, Lebkuchengewürz und Bittermandelaroma dickcremig mit den Quirlen des Handrührgeräts auf.

3. Gib nun die Mandeln und die Soft-Kirschen dazu und mische sie gut unter.

4. Die Masse streichst du gleichmäßig mit einem Messer auf die Backoblaten und setzt sie aufs Backblech. Jetzt musst du die Lebkuchen etwa 1 Stunde bei Zimmertemperatur trocknen lassen.

5. Heize den Backofen auf 150 °C (Ober- und Unterhitze) vor.

6. Die Lebkuchen werden im Ofen auf der mittleren Schiene 20 bis 25 Minuten gebacken.

Mini-Nikolaus-Geschenkanhänger

Für 2 Mini-Nikoläuse brauchst du:

- *8 Streichhölzer*
- *kleine Zange*
- *dünnen Pinsel*
- *Acrylfarbe in Rot, Schwarz und Weiß*
- *2 Wäscheklammern aus Holz*
- *Alleskleber*
- *Bändchen zum Aufhängen*
- *2 Messingglöckchen*
- *verschiedene weiße Dekobänder (z. B. Spitze und Wellen)*

1. Zwicke von den Streichhölzern mit einer kleinen Zange die Köpfe ab. Bemale dann 4 Streichhölzer mit dem Pinsel mit roter, die anderen 4 mit schwarzer Acrylfarbe. Die legst du dann erst mal zum Trocknen beiseite.

2. Nun werden die Wäscheklammern bemalt, und zwar so: im oberen Drittel von allen Seiten rot, in der Mitte vorn rosa (das mischst du aus Rot und Weiß) für das Gesicht und hinten weiß für die Haare. Unten werden sie auch wieder rundherum rot bemalt. Für die Augen malst du zwei kleine schwarze Punkte auf das Gesicht. Die Farbe lässt du gut trocknen.

3. Als Nächstes klebst du die roten Streichhölzer als Arme seitlich an die Wäscheklammern. Für die Beine öffnest du die Wäscheklammern und klebst die schwarzen Streichhölzer innen an, sodass sie unten ein Stückchen herausragen.

4. Um deine Mini-Nikoläuse aufzuhängen, ziehst du ein Bändchen durch die Feder der Wäscheklammer. Fädele ein Glöckchen auf und verknote das Bändchen oben. Als Letztes klebst du noch die weißen Dekobänder als Bart (Spitze) und Haare (Wellenband) auf.

Warum gibt's zu Weihnachten Geschenke?

Weihnachten wird auch „das Fest der Liebe" genannt. Das kommt daher, weil wir da meist besonders viel Zeit mit unserer Familie und engen Freunden verbringen und uns oft erst so richtig bewusst wird, dass diese Menschen in unserem Leben sind, die uns so gernhaben und die wir gernhaben. Um das zu zeigen, machen wir uns Geschenke, die Freude bereiten. Am besten etwas von Herzen. Das heißt, es muss gar nichts Teures sein, nicht mal etwas Gekauftes. Am schönsten sind Dinge, die wir gebastelt oder gemalt haben oder bei denen wir uns Gedanken gemacht haben, was dem Beschenkten am meisten Freude machen könnte. Einige schöne Ideen für selbst gemachte Weihnachtsgeschenke findest du ja auch in diesem Buch.

Auch Jesus bekam damals schon Geschenke, vor über 2000 Jahren, als er im Stall in Bethlehem geboren wurde. Und zwar von den Heiligen Drei Königen. Sie brachten ihm Gold, Weihrauch und Myrrhe mit, weil sie sich so freuten, dass er geboren worden war. Genauso schenken eben wir bis heute zu Weihnachten, also an Jesu Geburtstag, den Menschen etwas, die wir besonders lieb haben.

Was ist Nächstenliebe?

Manchmal wird Weihnachten auch „das Fest der Nächstenliebe" genannt. Nächstenliebe heißt, dass man seine Mitmenschen so mag, wie sie sind. Versuche einfach, immer freundlich zu anderen zu sein. Auch wenn mal jemand nicht so nett zu dir ist, kann ein Lächeln Wunder wirken. Und wenn wir jemandem begegnen, der nicht genug Geld, zu essen oder zum Anziehen hat, dann können wir ihm etwas von uns abgeben. So hat auch Jesus das gemacht. Er hat sich gerade um die Menschen gekümmert, die immer ein bisschen am Rand standen und nicht so gern gemocht wurden. Und gerade an Weihnachten versuchen wir, ihm das ganz besonders gut nachzumachen.

Geschenke müssen nicht groß und teuer sein, damit sie Freude machen. Wichtig ist, dass sie von Herzen kommen. Das heißt, dass du sie voll Liebe verschenkst. Das bereitet am meisten Freude!

Weihnachtsplätzchen zum fröhlichen Verzieren

Für ca. 60 Stück brauchst du:

350 g Mehl
100 g Zucker
200 g weiche Butter
Salz
Mehl zum Ausrollen

Außerdem:
Plätzchenausstecher in verschiedenen Formen

Zubereitungszeit:
ca. 30 Min.
+ ca. 1 Std. Kühlzeit
+ ca. 12 Min. Backzeit

1. Als Erstes vermischst du das Mehl mit Zucker, Butter und 1 bis 2 Prisen Salz* und verknetest alles kurz mit den Knethaken des Handrührgeräts. Danach knetest du mit den Händen weiter, bis der Teig schön geschmeidig ist.

2. Forme den Teig anschließend zu einer dicken Platte, wickele sie in Frischhaltefolie und lege sie für etwa 1 Stunde in den Kühlschrank.

3. Heize dann den Backofen auf 180 °C (Ober- und Unterhitze) vor. Rolle den kalten Teig zwischen zwei Bogen Backpapier oder auf etwas Mehl aus und stich dann daraus beliebige Formen aus.

4. Lege die Plätzchen auf ein mit Backpapier ausgelegtes Backblech und backe sie im Ofen auf der mittleren Schiene etwa 12 Minuten goldgelb.

5. Wenn sie abgekühlt sind, kannst du sie vom Blech auf einen großen Teller legen.

*** Wenn du Schokolade magst, mische 1 EL Kakaopulver in den Teig.**

Das Verzieren – jetzt wird es kunterbunt!

Damit du deine Plätzchen nach Herzenslust verzieren kannst, brauchst du erst mal etwas, das deine Deko auf den Keksen kleben lässt. Hier kommen zwei leckere Möglichkeiten.

Kuvertüre

Schmilz 300 g Kuvertüre (Vollmilch-, Zartbitter- oder auch weiße Schokolade) in einer Schüssel über dem warmen Wasserbad und tauche die Plätzchen zur Hälfte hinein. Oder du legst sie auf einen Bogen Backpapier und bestreichst sie ganz mit einem Pinsel mit der flüssigen Schokolade.

Zuckerguss

Mische 300 g Puderzucker mit etwa 7 EL Zitronen- oder Orangensaft und verrühre alles zu einem glatten Guss. Wenn du willst, kannst du den noch mit Lebensmittelfarbe einfärben. Damit bepinselst du dann deine Plätzchen.

Und jetzt musst du schnell sein. Sowohl die Kuvertüre als auch der Zuckerguss müssen noch flüssig sein, damit Zuckerperlen und Co. gut darauf kleben bleiben.

Auf Schokoladenguss machen sich besonders gut knackige gehackte oder ganze Nüsse wie Mandeln, Haselnüsse, Walnüsse, Cashewkerne oder auch Pistazien. Zerbröselte Cornflakes, Krokant oder Kokosraspel sind auch fein.

Was auch immer geht, sind Schoko- oder bunte Streusel, Zuckerherzen, Schokoraspel, Zuckerperlen und, und, und ...

Und zum Schluss, aber ganz wichtig: Verpacke deine Plätzchen ordentlich in Blechdosen, wenn du willst, dass sie auch noch an Weihnachten lecker schmecken (wenn bis dahin noch welche da sind – sonst musst du wohl noch mal neu Zuckerbäcker oder Zuckerbäckerin spielen). Denn sonst werden sie schnell trocken.

Mäuse aus Zapfen und Walnüssen

Für 1 große Maus brauchst du:

- *2 Tannenzapfen*
- *1 Walnuss (geschlossen)*
- *Heiß- oder Kraftkleber*
- *schwarzen Stift*
- *Pfeifenputzer (in Rosa oder Rot; ca. 10 cm lang)*

Für 1 kleine Maus brauchst du:

- *1 Walnussschalenhälfte*
- *schwarze Knetmasse oder schwarzen Stift*
- *Heiß- oder Kraftkleber (falls die Knete nicht von allein auf der Nussschale klebt)*
- *weiße Knetmasse*
- *schwarze, dünne Kordel*

Für die große Maus: Brich zuerst die Zapfenspitze ab und klebe stattdessen die Walnuss darauf. Male Augen auf die Walnuss.

Trenne von dem zweiten Zapfen sechs Zapfenblätter heraus. Klebe zwei Blättchen als Füße unten an den Zapfen, zwei als Pfoten recht weit oben und zwei als Ohren oben auf die Walnuss.

Schneide ein etwa 3 cm langes Stück Pfeifenputzer ab und rolle es um einen Stift. Klebe den Mäuseschwanz dann hinten unten an den Zapfen.

Für die kleine Maus: Lege die Walnussschalenhälfte mit der Öffnung nach unten, der spitzeren Seite zu dir, vor dich. Forme aus der schwarzen Knete drei kleine Kugeln. Klebe zwei als Augen auf, eine als Nase vorn auf die Spitze. Du kannst die Augen und die Nase auch mit schwarzem Filzstift malen.

Forme nun aus der weißen Knetmasse zwei platte, halbrunde Ohren. Klebe sie rechts und links oberhalb der Augen auf die Walnussschale. Klebe die schwarze Kordel als Schwanz ans andere Ende der Walnusshälfte.

Weihnachtsgebäck schmeckt überall auf der Welt

Bestimmt backt auch ihr in der Weihnachtszeit eine Menge Plätzchen. Das machen viele Menschen überall auf der Welt. Und zwar schon seit sehr, sehr langer Zeit – begonnen hat das im Mittelalter. Zu dieser Zeit waren Zucker und Gewürze noch sehr teuer und nur wenige konnten sie sich leisten. Exotische Gewürze wie Zimt, Nelken, Anis oder Kardamom kamen mit Schiffen lange Strecken aus dem Orient übers Meer. Darum waren Lebkuchen und Co. früher nur etwas für reiche Menschen.

Süßes Gebäck für die Armen

Zur Weihnachtszeit aber wurden in den wohlhabenden Klöstern zu Ehren der Geburt von Jesus köstliche Plätzchen mit diesen Zutaten gebacken und von den Mönchen an die Armen verteilt, um auch ihnen ein bisschen Freude zu bereiten. Außerdem waren Kekse damals ein nützliches Winteressen für zwischendurch, weil sie lange haltbar sind und viel Fett und Energie enthalten, was einen nicht zu dünn werden ließ in der kalten Jahreszeit, in der es auf den Feldern nichts zu ernten und darum wenig zu essen gab.

Unser Lieblingsgebäck

Die beliebtesten Gebäckarten bei uns sind heute Spekulatius, Vanillekipferl, Zimtsterne, Lebkuchen, Stollen und Mürbteigplätzchen. In anderen Ländern werden ganz andere Leckereien zur Weihnachtszeit gegessen. In England sind das zum Beispiel Shortbread-Fingers, in Frankreich die Biskuitrolle Bûche de Noël, in Österreich Nussecken, in Schweden Lussekatter, in Italien der Weihnachtskuchen Panettone, in Belgien Karamellkekse, in der Schweiz Mailänderli, in Spanien das Schmalzgebäck Polvorón, in Dänemark Risalamande (Reispudding mit Mandeln und Kirschsauce) oder „Schneeflockenbrot“ in Island (das sieht wirklich aus wie eine große Schneeflocke). Und es gibt noch viel mehr …

Erkennst du, welche Gewürze hier abgebildet sind? Ordne sie den Bildern zu: Kardamom, Zimt, Gewürznelken, Anis

Zimt: links oben, Nelken: rechts oben, Anis: links unten, Kardamom: rechts unten

Mandeltaler mit Schokolade

Für ca. 30 Stück brauchst du:

250 g Mehl
100 g gemahlene Mandeln
80 g Zucker, Salz
1 Päckchen Vanillezucker
200 g weiche Butter, 2 Eigelb
ca. 50 g Mandelblättchen
100 g Vollmilchkuvertüre

Zubereitungszeit:
ca. 40 Min.
+ Kühlzeit ca. 30 Min.
+ Backzeit ca. 12 Min.

Wenn du magst, schneide 4 bis 5 Mini-Schokoriegel in dünne Scheiben. Beträufle die Plätzchen mit wenig Kuvertüre und klebe je 1 bis 2 Stücke Schokoriegel obendrauf.

1. Fülle das Mehl mit Mandeln, Zucker, 1 Prise Salz und Vanillezucker in eine Rührschüssel. Zerteile die Butter in Würfel und gib sie mit den Eigelben dazu. Jetzt verknetest du alles zu einem glatten Teig. Das kannst du mit sauberen Händen tun oder mit den Knethaken des Handrührgeräts.

2. Den Teig formst du zu 2 Rollen mit etwa 4 cm Durchmesser. Wickele diese in Frischhaltefolie und stelle sie etwa 30 Minuten kühl.

3. Heize den Backofen auf 200 °C (Ober- und Unterhitze) vor. Belege ein Backblech mit Backpapier.

4. Nun verteilst du die Mandelblättchen auf einem Küchenbrett und wälzt die beiden Teigrollen darin, sodass sie rundum von Mandeln umhüllt sind.

5. Schneide die Rollen in fingerdicke Taler, lege sie nebeneinander auf das Blech und lass sie im Ofen auf der mittleren Schiene etwa 12 Minuten backen. Dann müssen sie abkühlen.

6. Inzwischen zerkleinerst du die Kuvertüre und lässt sie in einer Schüssel über dem warmen Wasserbad schmelzen. Nimm die Kuvertüre nach und nach auf einen Teelöffel und lass sie von dort in feinen Linien über jedes Plätzchen laufen.

Schneelaterne für dunkle Winternächte

Dafür brauchst du:

- *Schnee*
- *1 großen Topf*
- *2 Stumpenkerzen*

1. Rolle jede Menge Schneebälle*.

2. Mithilfe eines großen Topfes kannst du nun einen Kreis in den Schnee zeichnen.

3. Auf diesen legst du nun die Schneebälle. Lasse zwischen den einzelnen Schneebällen aber immer einen kleinen Abstand. Da hindurch scheint später das Kerzenlicht. In der Mitte des Schneeballkreises hebst du mit der Schaufel ein Loch aus, in das die Stumpenkerzen gestellt werden.

4. Jetzt kommt die zweite Schicht: Die pappst du auf die Zwischenräume zwischen den Schneebällen der unteren Schicht, und zwar leicht zur Mitte versetzt. Da der Schnee klebt, fallen sie nicht runter.

5. Darüber kommt die nächste Schicht und so weiter in immer kleineren Runden, bis so eine stabile Kuppel entsteht.

6. Bevor du die letzten Schneebälle obendrauf legst, zünde die Kerze an.

*** Beim Bauen der Schneelaterne helfen Wollfäustlinge, damit die Hände möglichst lang warm bleiben, denn die werden nicht so schnell nass.**

Rudolf mit der roten Nase als Anhänger

Für 1 Rentier brauchst du:

· *Holzbohrer*
· *1 Holzscheibe**
· *1 roten Pompon (aus dem Bastelladen)*
· *Kleber*
· *schwarzen Stift*
· *Pfeifenputzer (braun oder schwarz fürs Geweih, rot oder rot-weiß für die Schleifen; gibt's im Bastelladen)*
· *Schnur*

*** Im Bastelladen oder online bestellen; wenn du einen Garten hast und ein paar Bäume geschnitten werden müssen, kannst du dir auch selbst welche schneiden.**

1. Bohre mit dem Holzbohrer ein kleines Loch in der Nähe des Randes der Baumscheibe. Daran hängst du dein Rentier nachher auf.

2. Klebe dann den roten Pompon als Nase in die Mitte der Scheibe.

3. Male darüber die Augen und darunter den Mund des Rentiers.

4. Schneide nun vom braunen oder schwarzen Pfeifenputzer ein längeres und ein kurzes Stück ab. Drehe das kurze Stück an einem Ende so um das lange Stück, dass aus den beiden Drähten ein V entsteht. Klebe das Geweih rechts und links über den Augen auf die Baumscheibe.

5. Schneide nun ein größeres Stück vom roten oder rot-weißen Pfeifenputzer ab und forme daraus eine Schleife. Die klebst du unter den Mund deines Rentiers an die Baumscheibe.

6. Nun fädele noch ein Stück Schnur durch das Loch und verknote sie zu einer großen Schlaufe.

Advent, Advent, das dritte Lichtlein brennt

Halbzeit! Zwei Adventswochen bleiben noch bis zum Heiligabend. Nutze deine Vorfreude und bastele schöne Weihnachtsgeschenke! Die Maus und ihre Freunde haben ein paar wirklich gute Ideen.

Wann ist Weihnachten?

Weihnachten wurde vor langer Zeit auf den 25. Dezember festgelegt, weil man glaubt, dass Jesus an diesem Tag geboren worden ist. Ja, du liest richtig: am 25. Dezember, nicht am 24! Wie kommt es aber, dass wir am 24. Dezember Weihnachten feiern? Nun, die Menschen früher trafen sich immer schon am Abend vor Weihnachten zum Essen und Beisammensein, um sich auf das Fest einzustimmen. Daraus wurde dann mit der Zeit unser eigentliches Weihnachtsfest, der Heilige Abend.

Weihnachten bei uns

An diesem Heiligen Abend, also am 24. Dezember, findet bei uns, aber auch in Österreich, der Schweiz, in Liechtenstein und allen nordischen Ländern wie Schweden oder Norwegen, die Bescherung statt, bei der es dann auch die Geschenke gibt. In den meisten Ländern der Welt feiern die Menschen Weihnachten aber tatsächlich erst am 25. Dezember.

Weihnachten in Großbritannien und den USA

In den USA und auch in Großbritannien feiern die Menschen Weihnachten am 25. Dezember. Hier bringt der Weihnachtsmann (der wird dort Santa Claus genannt) die Weihnachtsgeschenke in der Nacht vom 24. auf den 25. Dezember durch den Schornstein, sodass schon gleich am frühen Morgen Bescherung ist. Am Mittag gibt es dann das große Weihnachtsessen. Aber auch am 24. Dezember trifft man sich hier mit Familie und Freunden, um gemeinsam schon etwas feierlich zu Abend zu essen.

Unter dem Mistelzweig

An Weihnachten wird über vielen britischen Zimmertüren ein Mistelzweig aufgehängt. Auf Englisch heißt er Mistletoe. Wer darunter stehen bleibt, der darf geküsst werden. Das ist ein wirklich schöner Brauch, findest du nicht auch?

Schneekugeln selbst gemacht

Für 1 Kugel brauchst du:

- *leeres, sauberes Glas mit Schraubverschluss und Deckel (z.B. Breigläschen, Marmeladeglas, Senfglas)*
- *kleine Figuren, Tiere aus Plastik oder Porzellan (die du vielleicht aussortiert hast)*
- *Heißklebepistole*
- *destilliertes Wasser**
- *Glitzer/Kunstschnee/Pailletten oder Ähnliches (gibt's im Bastelladen)*
- *eventuell ein paar Tropfen Babyöl*
- *Geschenkband*

*** Das ist sozusagen ganz, ganz sauberes Wasser; gibt's im Drogeriemarkt, im Baumarkt, manchmal auch in Supermärkten.**

1. Als Erstes musst du das Glas und den Deckel gründlich reinigen.

2. Klebe mit der Heißklebepistole die Figur oder auch mehrere auf die Innenseite des Deckels. Schön lang festdrücken, damit sie gut halten.

3. Nun füllst du das destillierte Wasser bis oben hin zusammen mit dem Glitzer, dem Kunstschnee oder den Pailletten in das Glas.

4. Jetzt setzt du den Deckel mit den Figuren auf das Glas und schraubst ihn fest. Dann prüfst du erst mal vorsichtig, ob genug Wasser und Schnee (oder Glitzer/Pailletten) im Glas sind, der Schnee langsam genug fällt (sonst noch etwas Babyöl dazu, dann sinkt alles langsamer). Was fehlt, fügst du hinzu.

5. Wenn dir deine Schneekugel richtig gut gefällt, schraube den Deckel ganz fest drauf und dichte ihn mit einer großzügigen Klebeschicht aus der Heißklebepistole rundherum ab. Du kannst noch ein schönes Band um den Deckel binden, darunter lässt sich die Klebespur verstecken.

Winterboten aus Flaschenkorken

Dafür brauchst du:

- *Korken*
- *Holzspieß/Zahnstocher*
- *weiße und braune Acrylfarbe*
- *Pinsel*
- *Stifte (schwarz, orange)*
- *kleine Stöckchen*
- *braunes Packpapier*

1. Stecke den Korken auf den Holzspieß oder Zahnstocher, dann lässt er sich besser anmalen. Je nachdem, ob du einen Schneemann oder ein Rentier basteln willst, bemale ihn dann mit der weißen oder braunen Farbe ringsherum und lasse ihn gut trocknen.

2. Wenn die Farbe getrocknet ist, male mit dem schwarzen Stift die Augen und das Maul beim Rentier oder beim Schneemann die Augen, den Mund und die Knöpfe und mit dem orangefarbenen Stift die Karottennase als kleines, längliches Dreieck.

3. Für den Schneemann bohrst du mit dem Holzspieß/Zahnstocher zwei kleine Löcher an die Seite des Korkens. Dahinein steckst du jetzt die zwei kleinen Zweige als Arme. Du kannst auch kleine Hüte basteln aus den Verpackungen von Eiskonfekt-Pralinen oder Kaffeekapseln. Aber nur, wenn ihr die leer zu Hause habt, nicht extra dafür kaufen.

4. Für das Rentier schneide ein Geweih aus dem Packpapier aus und klebe es hinten oben an den Korken.

Weihnachtsbräuche auf der Welt

Das Luciafest in Schweden

In Schweden beginnt die Weihnachtszeit am 13. Dezember mit dem Luciafest, das auch „Lichterfest“ genannt wird. Es ist einer der kürzesten und damit dunkelsten Tage des Winters. Die schwedischen Kinder wecken ihre Eltern am Morgen singend als Lucia oder Sternenjunge verkleidet und bringen ihnen gebackene Lussekatter (was „Luciakatzen“ bedeutet) ans Bett. Das ist ein süßes gelbes Hefegebäck. Gelb wird es durch den Safran, der unbedingt in den Teig gehört.

Singen in den Straßen

Wenn es dann draußen dunkel wird, warten die Menschen auf einen Umzug aus Sängern und Sängerinnen in langen weißen Kleidern und oft noch einem roten Gürtel, die singend mit Kerzen in den Händen durch die Straßen ziehen. Sie bringen das Licht überallhin, wohin sie kommen. Angeführt werden sie von der heiligen Lucia, die einen Kranz mit Kerzen auf dem Kopf trägt. Natürlich ist das nicht die echte, sondern eine als Lucia verkleidete Frau. Denn die heilige Lucia lebte schon vor über 1700 Jahren. Sie war eine sehr fürsorgliche und gläubige junge Frau, die Menschen, die sich wegen ihres Glaubens in dunklen Katakomben verstecken mussten, Essen brachte. Um den Weg zu finden, aber trotzdem die Hände frei zu haben, setzte sie sich einen Kranz mit Kerzen auf den Kopf.

Einmal Lucia sein

Jedes schwedische Mädchen träumt davon, einmal die Lucia sein zu dürfen. Normalerweise wird das aber nach der Tradition nur die älteste Tochter einer Familie.
Es gibt auch eine Lucia jedes Jahr für ganz Schweden. Sie wird in einem eigenen Wettbewerb gewählt.

Zimtschnecken für den Adventsteller

Für ca. 20 Stück brauchst du:

Für den Teig:
500 g Mehl
¼ l Milch
30 g frische Hefe
90 g Zucker
250 g Butter
¼ TL Salz
1 TL gemahlenen Kardamom

Für die Füllung:
50 g Butter
50 g Zucker
1 EL Zimtpulver

Außerdem:
Hagelzucker zum Bestreuen (nach Belieben)

Zubereitungszeit:
+ ca. 1 ¼ Std. Ruhezeit
+ ca. 10 Min. Backzeit

1. Gib das Mehl in eine Rührschüssel und drücke in die Mitte eine Mulde. Erhitze die Milch in einem Topf lauwarm. Gib 3 EL Milch in einen Becher und brösele die Hefe hinein. Gib 1 EL Zucker dazu. Rühre alles glatt und gieße die Hefe-Milch in die Mehlmulde in der Schüssel.

2. Lass die Butter in der übrigen Milch weich werden.

3. Jetzt kommen der restliche Zucker, das Salz und der Kardamom zum Mehl dazu. Füge die Milch-Butter-Mischung hinzu und verknete alles zu einem glatten Teig. Der muss zugedeckt an einem warmen Ort etwa 45 Minuten ruhen – das nennt man „gehen".

4. Dann knete den Teig noch mal durch und rolle ihn auf Backpapier etwa 30 × 50 cm groß aus.

5. Für die Füllung zerlässt du die Butter in einem Topf und bepinselst damit die Teigplatte. Mische den Zucker mit dem Zimtpulver und bestreue den Teig damit.

6. Die Teigplatte rollst du von der langen Seite her auf und schneidest sie in etwa 2 cm dicke Scheiben. Lege deine Zimtschnecken auf ein mit Backpapier belegtes Backblech. Lass dabei genügend Abstand, weil der Teig beim Backen aufgeht. Bestreue die Zimtschnecken mit Hagelzucker und lass sie zugedeckt 30 Minuten gehen.

7. Heize inzwischen den Backofen auf 200 °C (Ober- und Unterhitze) vor. Jetzt kommen die Zimtschnecken im Ofen auf die mittlere Schiene und müssen etwa 10 Minuten backen.

Weihnachtliche Brotaufstriche

Spekulatiusaufstrich
Für 5 Einmachgläser à 120 ml:

200 g Gewürzspekulatius
100 g Sahne
1–2 EL Dattelsirup oder Honig
2 TL Spekulatiusgewürz
2 TL Zimtpulver
½ TL Kardamompulver

Zubereitungszeit: *ca. 10 Min.*

Orangenmarmelade
Für 5 Einmachgläser à 250 ml:
1 kg Orangenfruchtfleisch
10 g Ingwer, geschält und in sehr feinen Würfel geschnitten
6–8 Tropfen Vanillearoma
1 EL abgeriebene Bio-Orangenschale
500 g Gelierzucker
3 EL Zitronensaft

Zubereitungszeit: *ca. 40 Min.*

Für den Spekulatiusaufstrich: Brich die Spekulatiuskekse in grobe Stücke und mahle sie im Blitzhacker ganz fein. Nun gibst du die Sahne, den Dattelsirup oder Honig und die Gewürze dazu und mixt alles gut unter.

Fülle den Spekulatiusaufstrich in die Gläser. Drücke ihn dabei mit einem Löffel von oben etwas fest, damit im Glas keine Luftlöcher entstehen und sich kein Schimmel bildet. Dann verschließt du die Gläser und stellst sie kühl. Der Aufstrich hält im Kühlschrank 1 bis 2 Wochen.

Für die Orangenmarmelade: Schneide das Orangenfruchtfleisch klein und fülle es mit dem Ingwer in einen großen, hohen Topf. Püriere die Orangen kurz. Gib Vanillearoma, Orangenschale, Gelierzucker und Zitronensaft dazu und bringe alles zum Kochen.

Lass die Masse 3 Minuten sprudelnd kochen. Jetzt mache die Gelierprobe: Kleckse etwas Marmelade auf einen Teller. Wird sie fest? Dann ist sie fertig. Wenn nicht, gibst du noch etwas Gelierzucker in den Topf und lässt alles noch mal 3 Minuten kochen. Fülle die Marmelade in die Gläser und verschließe sie sofort. Dann drehst du die Gläser um und lässt sie abkühlen.

Wo Weihnachten länger dauert

Bei uns dauert die Weihnachtszeit von Heiligabend bis zum zweiten Weihnachtsfeiertag, dem 26. Dezember. Und für einige noch mal länger bis zum Dreikönigstag am 6. Januar, an dem die Heiligen Drei Könige dem Jesuskind ihre Geschenke gebracht haben.

Weihnachten auf den Philippinen

Es gibt aber Länder auf der Welt, da geht die Weihnachtszeit noch viel länger. Auf den Philippinen zum Beispiel. Da beginnen die Menschen, die Filipinos genannt werden, mit den weihnachtlichen Vorbereitungen schon im September. Dann singen sie bereits Weihnachtslieder und überall ist leuchtend bunt geschmückt. Auf den Philippinen gibt es keine Tannenbäume, darum schmücken die Filipinos Palmen mit Lichterketten und Christbaumschmuck oder stellen kunterbunte Kunsttannen auf. Und sie basteln Sternlaternen aus Bambus und farbigem Transparentpapier, die sogenannten Parols, und schmücken damit ihre Wohnungen. Am 16. Dezember startet die richtige Weihnachtszeit dann schon ganz früh am Morgen. Da klingen zwischen drei und vier Uhr die Kirchenglocken zur Nachtmesse. Ab jetzt ziehen abends Kinder von Haus zu Haus und singen Weihnachtslieder. Am 24. Dezember ist auch hier Heiligabend.

Nacht der offenen Tür

Da stehen in jeder Familie die Türen bis sechs Uhr am nächsten Morgen offen für Besuch, denn auf den Philippinen wird in dieser Nacht nicht geschlafen, sondern gefeiert. Und am Morgen des 25. Dezember gibt es dann die Geschenke. Doch damit ist Weihnachten hier noch nicht vorbei. Silvester und Neujahr werden die Weihnachtslichter noch mal entzündet. Erst am ersten Sonntag im Januar gilt die Weihnachtszeit als beendet, das ist dort der Dreikönigstag. Doch viele Filipinos wünschen sich noch bis zum Februar „Frohe Weihnachten“ (das heißt dort „Maligayang Pasko“).

Die Philippinen sind eine Inselgruppe mit 7.107 Inseln in Südostasien. 3.144 davon haben einen Namen und nur auf 880 dieser Inseln wohnen überhaupt Menschen, die anderen Inseln sind zu klein.

Knopftannen-Weihnachtskarte

Dafür brauchst du:

- *1 DIN-A4-Blatt schönes Tonpapier (vielleicht golden oder rot; gibt's im Bastelladen)*
- *grünes, braunes und gelbes Bastelpapier*
- *Bleistift*
- *Schere*
- *verschieden große und bunte Knöpfe oder Glassteine (von unten flach)*
- *Kleber*

1. Falte das große Tonpapier in der Mitte, sodass du eine Klappkarte erhältst. Lege es so hin, dass die kurze Seite zu dir zeigt und die Öffnung nach rechts.

2. Lege nun deine Hand mit gespreizten Fingern auf das grüne Papier und zeichne mit dem Bleistift den Umriss nach. Schneide ihn aus. Das wird dein ganz persönlicher Tannenbaum.

3. Male auf das braune Papier ein kleines Rechteck, ungefähr 1 × 2 cm, das wird dein Stamm. Schneide auch den aus.

4. Male auf das gelbe Papier einen Stern und schneide ihn aus.

5. Klebe zuerst den Stamm auf das gefaltete Papier. Dann setze den Baum so darauf, dass er den Stamm ein bisschen überlappt. Die „Finger" oder Äste zeigen nach oben. Dann kleibst du den Stern auf die Spitze des Mittelfingers.

6. Nun dekoriere den Rest des Baums, indem du die bunten Knöpfe oder Glassteine darauf klebst.*

*** Oder du malst auf deine Weihnachtskarten einen Tannenbaum und bestreust ihn mit Glitzer oder Kunstschnee und schmückst ihn mit bunten Papierschnipseln oder Papierkreisen aus dem Locher als Kugeln.**

Fingerabdruck-Schneemann-Karte

Dafür brauchst du:

- *1 DIN-A4-Blatt hellbraunes Tonpapier (gibt's im Bastelladen)*
- *Fingerfarben (für diese Karte nur weiß)**
- *Pinsel*
- *schwarzen Stift oder Wackelaugen zum Kleben*
- *buntes Bastelpapier (orange, grün, rot, weiß; für Nase, Mütze, Schal, Schneeflocken)*
- *Locher*
- *Kleber*

1. Falte das Tonpapier in der Mitte, sodass du eine Klappkarte erhältst. Lege es so hin, dass die kurze Seite zu dir zeigt, die Öffnung nach rechts.

2. Bepinsele das obere Glied deines Zeige- oder Mittelfingers mit der Fingerfarbe und tupfe unten auf die Karte einen kleinen Schneeberg.

3. Drücke dann die untere Schneemannkugel auf den Schneehaufen, darüber den Bauch und ganz oben den Kopf des Schneemanns (vielleicht nimmst du dafür den kleinen Finger). Bepinsele deinen Finger immer neu, wenn die Farbe zu schwach sichtbar ist.

4. Das wiederholst du neben dem ersten Schneemann so oft, wie du magst und wie viele Freunde er haben soll. Es kann auch ein kleiner Schneemann dabei sein, der nur zwei „Kugeln" hat, die dein kleiner Finger macht.

5. Wenn die Farbe getrocknet ist, klebst oder malst du die Augen auf, ebenso den Mund, die Knöpfe und die Arme. Die Möhrennase schneidest du aus orangefarbenem Papier aus und klebst sie den Schneemännern ins Gesicht.

6. Schal und Mütze kannst du aus buntem Papier ausschneiden und ankleben.

7. Loche dann das weiße Papier und klebe die ausgestanzten Kreise als Schneeflocken auf deine Karte.

*** Mit brauner Fingerfarbe lassen sich niedliche Rentiere mit dem Finger stempeln. Rote Nase dazumalen, mit Schwarz Augen und Geweih und fertig!**

Weihnachtsbräuche auf der Welt

In Norwegen gibt es einen ganz lustigen Brauch: Damit an Weihnachten keine bösen Hexen und verrückten Geister ihr Unwesen treiben, die gewöhnlich auf Besen unterwegs sind, verstecken die Norweger an diesen Tagen alle Besen und Wischmopps am sichersten Ort im Haus, damit sie sich gar nicht erst auf den Weg machen können. Wer sich aber auf den Weg machen soll, ist Julenisse. Denn der bringt in Norwegen die Geschenke. Er ist eine Art kleiner Kobold. Um ihm zu danken, stellen die Norweger an Weihnachten eine große Schüssel mit Milchreis, Butter, Zimt und Zucker vor die Tür. Andernfalls, heißt es, spiele Julenisse gern mal einen Streich.

Und dann gibt es noch eine wunderbare Tradition: Nachdem am Heiligen Abend gegessen und die Geschenke ausgepackt worden sind, fassen sich alle an den Händen, gehen im Kreis um den Weihnachtsbaum herum und singen dabei Weihnachtslieder. Schön, oder?

An Weihnachten gibt es übrigens zum Nachtisch einen Sahnemilchreis zu essen, in dem eine Mandel versteckt ist. Wer sie findet, erhält ein Marzipanschweinchen als Geschenk. Das soll ihm Glück bringen, wie die versteckte Gurke in den USA.

Von Tür zu Tür

Am 25. Dezember verkleiden sich alle Kinder mit weihnachtlichen Kostümen und ziehen von Tür zu Tür, um Weihnachtslieder zu singen. Als Dankeschön bekommen sie Süßigkeiten und Gebäck. Diese Tradition nennt sich Julebukk, was eigentlich „Weihnachtsbock" bedeutet. Das ist ein Ziegenbock aus Stroh, der in Norwegen ein beliebter Weihnachtsschmuck ist. Der Bock steht nämlich für die jährlich wiederkehrende Fruchtbarkeit der Erde. Früher verkleideten sich die Menschen darum auch als Julebukk. Heute sind daraus alle möglichen weihnachtlichen Kostüme geworden, die meisten Kinder verkleiden sich aber als Julenisse.

„God Jul“ heißt auf Norwegisch „Frohe Weihnachten“. Übrigens heißt es so auch auf Schwedisch.

Die bekanntesten Weihnachtslieder

Warum singen wir zu Weihnachten eigentlich Weihnachtslieder? Wenn man singt, kann man seine Gefühle so schön zeigen, vor allem große Freude. Und die empfinden wir ja zur Weihnachtszeit. Darum wurde Weihnachten schon immer mit Liedern gefeiert. Ganz früher waren das mal gesungene Gebete, irgendwann sind dann die Weihnachtslieder dazugekommen. Weihnachtslieder gibt es in ganz viele verschiedenen Sprachen und in allen Ländern der Welt.

Das hier sind die bekanntesten Weihnachtslieder in Deutschland:

- O Tannenbaum
- Stille Nacht, heilige Nacht
- O du fröhliche
- Alle Jahre wieder
- Kling, Glöckchen, klingelingeling
- Lasst uns froh und munter sein
- Vom Himmel hoch da komm ich her
- Ihr Kinderlein kommet

O Tannenbaum

Das Lied „O Tannenbaum“ wurde schon vor über 200 Jahren geschrieben. Damals aber war es noch ein trauriges Liebeslied. Der Tannenbaum, der immer grün ist, galt als besonders treu, im Gegensatz zu einem Mädchen, das nicht mehr mit seinem Liebsten zusammen sein wollte. Die erste Strophe war schon immer so wie heute, die anderen wurden später für die Weihnachtszeit umgedichtet.

Stille Nacht, heilige Nacht

„Stille Nacht, heilige Nacht“ ist eines der bekannten Weihnachtslieder auf der ganzen Welt, es gibt es in über 300 Sprachen und Dialekten. Komponiert wurde das Weihnachtslied vor 200 Jahren in Österreich und da auch das allererste Mal an Heiligabend in einer Kirche gespielt und gesungen. Die Kapelle, die heute dort steht, heißt zum Angedenken „Stille-Nacht-Kapelle“.

Lebkuchenhaus-Geschenktüten

Dafür brauchst du:

- *braune Bodenbeutel aus Papier**
- *Bleistift*
- *weißen Filzstift*
- *Schere*
- *Kleber*
- *Sternstanzer (Durchmesser 2,5 cm)*
- *silberne Bastelfolie*
- *pinkfarbenes oder rotes Papier*
- *silberne, dünne Kordel (gibt's im Bastelladen)*

1. Die Papiertüten sollen deine Lebkuchenhäuschen werden. Zeichne dafür mit dem Bleistift dünn Fenster und Türen auf die Tüten.

2. Zeichne sie mit dem weißen Filzstift nach.

3. Zeichne auch verschiedene Dachformen mit dem Bleistift auf. Du kannst runde Dächer machen, spitze, treppenförmige ... Schneide sie mit der Schere aus. Aus den abgeschnittenen Papierstücken kannst du Fensterläden und Tannen ausschneiden, mit dem Filzstift noch dekorieren und auf die Häuser kleben.

4. Jetzt stanzt du Sterne aus der Silberfolie und dem pinkfarbenen oder roten Papier aus und klebst sie an die Kordel und als Deko an die Häuser. Die Kordel klebst oder bindest du um die Tüten herum.

*** Die haben einen etwas breiteren Boden als einfache Butterbrottüten; gibt's im Drogeriemarkt.**

Weihnachtsbräuche auf der Welt

Jedes Land feiert Weihnachten ein klein bisschen anders und auf seine ganz eigene Art und Weise, das hast du ja jetzt schon erfahren. Die Maus möchte dir von noch ein paar Bräuchen erzählen.

Weihnachtsoblaten in Polen

In Polen stellen die Menschen am Weihnachtsabend ein zusätzliches Gedeck auf den Tisch für Überraschungsbesuch oder jemanden, der bedürftig ist, das heißt, der nicht genug Geld hat, um gut für sich sorgen zu können. Und unter die Tischdecke legen sie oft ein kleines Heubündel, das daran erinnern soll, dass Jesus in einer Krippe auf Heu geboren worden ist.

Gegessen wird übrigens erst, wenn der erste Stern am Himmel erscheint, das ist der Polarstern (den kannst du auf dem Bild rechts oben sehen). Und wie, denn in Polen werden zwölf verschiedene Gerichte aufgetischt. Allerdings ist kein Fleisch dabei.

Die Polen beginnen das Mahl mit dem Teilen der Weihnachtsoblaten. Oblaten sind ganz dünne, flache Gebäcke, die nur aus Wasser, Mehl und Stärke bestehen, also fast nach nichts schmecken (ein bisschen wie Esspapier). Sie sind verziert mit Bildern von Maria und dem Jesuskind (so eine Oblate kannst du auf dem Bild rechts unten sehen). Jeder aus der Familie bekommt eine Oblate und bricht sich von seinem Tischnachbarn eine Hälfte von dessen Oblate ab. Dabei wünscht man sich gegenseitig viel Glück fürs nächste Jahr.

Pudding in der Slowakei

An Heiligabend essen die Menschen in der Slowakei Pudding zum Nachtisch, er wird dort „Loksa“ genannt. Dann nimmt der Familienälteste einen Löffel voll Pudding und – schmeißt ihn gegen die Decke. Ja, du hast richtig gelesen! Je mehr Pudding kleben bleibt, umso mehr Glück wird die Familie im nächsten Jahr haben.

„Frohe Weihnachten“ heißt auf Polnisch „Wesołych Świąt“ (ungefähr Aussprache: „Wessolischfialt“) und auf Slowakisch „Veselé Vianoce“ („Weßalee Vianotze“).

Anis-Orangen-Schneehäufchen

Für ca. 50 Stück brauchst du:

175 g Mehl
175 g Speisestärke
250 g weiche Butter
80 g Puderzucker
Salz
1 TL Anispulver
Puderzucker und etwas abgeriebene Bio-Orangenschale zum Bestreuen

Zubereitungszeit:
ca. 25 Min.
+ 13–15 Min. Backzeit

1. Heize den Backofen auf 170 °C (Ober- und Unterhitze) vor. Belege ein Backblech mit Backpapier.

2. Fülle das Mehl und die Speisestärke in eine Schüssel. Würfele dann die weiche Butter und füge sie zusammen mit Puderzucker, 1 Prise Salz und Anispulver in die Schüssel hinzu.

3. Verknete alle Zutaten zu einem glatten Teig. Teile ihn in mehrere Portionen und forme daraus etwa 3 cm dicke Rollen. Schneide von den Rollen etwa 1 cm dicke Stücke ab und forme diese Stücke zu Kugeln.

4. Die fertigen Teigkugeln setzt du auf das Backblech, lass dabei etwas Abstand, denn der Teig läuft beim Backen auseinander.

5. Jetzt schiebe das Backblech in den Ofen auf die mittlere Schiene und lass die Kugeln 13 bis 15 Minuten backen.

6. Wenn sie fertig sind, bestreue sie, wenn sie noch leicht warm sind, mit Puderzucker und der Orangenschale. Das sieht dann aus wie Pulverschnee.

Weihnachtsbräuche auf der Welt

Weihnachtszwerge in Island

In Island bringen sogar 13 Weihnachtszwerge die Geschenke! Sie heißen dort Jólasveinar, das bedeutet „Weihnachtsgesellen", und kommen aus den Bergen. Sie bringen aber nicht nur Geschenke, sondern treiben auch allerhand Schabernack. Der eine schleckt die Töpfe aus, der andere stiehlt Kerzen und wieder einer knallt die Türen. Der erste Zwerg besucht die Kinder zwölf Tage vor Weihnachten, der letzte Zwerg, der 13., kommt an Heiligabend. Ab dem ersten Weihnachtsfeiertag „verdrückt" sich dann jeden Tag wieder ein Zwerg. Am Dreikönigstag sind die Weihnachtszwerge alle wieder in den Bergen verschwunden.

Weihnachten im Sommer

In Neuseeland, das auf der anderen Seite der Erdkugel liegt, ist im Dezember gerade Hochsommer, hier kann es in der Knallsonne bis zu 30 Grad warm sein. Ist das nicht verrückt: schwitzen und baden an Weihnachten? Weil es so schönes Wetter ist, reisen auch die Menschen in Neuseeland in dieser Zeit herum und machen Urlaub. Viele feiern Weihnachten also gar nicht zu Hause, sondern auf Campingplätzen oder am Strand. Darum ist Weihnachten hier für die meisten ein Fest mit vielen, auch fremden Menschen. Es gibt sogar richtige Weihnachtsumzüge mit bunt geschmückten Festwagen und Tänzern und Tänzerinnen in Kostümen. Geschenke gibt es in Neuseeland erst am Morgen des 25. Dezembers. Danach wird am Strand gegrillt.

In Neuseeland gibt es keine Weihnachtsbäume, wie wir sie kennen. Dafür aber einen immergrünen Baum, der sich selbst schmückt – und zwar mit den schönsten roten Blüten. Er heißt Pohutukawa oder Eisenholzbaum. Weil er von Dezember bis Januar in voller Blüte steht, wird er eben der „neuseeländische Weihnachtsbaum" genannt.

In der Sprache der Ureinwohner Neuseelands, Te Reo Māori, heißt „Frohe Weihnachten“ „Meri Kirihimete“.

Advent, Advent, das vierte Lichtlein brennt

Endlich brennt die vierte Kerze auf dem Adventskranz! Das heißt, jetzt ist bald Weihnachten. Manchmal fällt es sogar genau auf den vierten Advent. Die Maus und ihre Freunde helfen dir jetzt bei den letzten Vorbereitungen für das große Fest.

Wer bringt bei uns die Geschenke?

Sicher kannst du dir vorstellen, dass der Weihnachtsmann es nicht schafft, an einem Abend allen Kindern ihre Geschenke persönlich vorbeizubringen. Darum hat er viele Gehilfen: die Weihnachtswichtel. Der Weihnachtsmann kommt mit seinem Schlitten, der von Rentieren gezogen wird, durch den Himmel vom hohen Norden hergeflogen, wo die Nordlichter den Himmel in ein grünes Lichtermeer verwandeln. Das ganze Jahr über bereiten er und seine Wichtel sich auf Weihnachten vor, sammeln die Wünsche der Kinder ein, basteln und bauen Geschenke und liefern sie dann endlich am Weihnachtsabend aus. Nach dieser sehr anstrengenden Arbeit ziehen sie sich wieder zurück in ihre Heimat und ruhen sich aus, bis das Wünschesammeln und -erfüllen von Neuem losgeht.

Christkind und Weihnachtsengel

Vielleicht kommt bei euch auch ganz still und heimlich das Christkind und legt die Geschenke unter den Baum. Und schwups sind sie auf einmal da! Das Christkind kommt mit seinen Flügeln durch die Luft geflogen und schlüpft in die Häuser, ohne gesehen oder gehört zu werden. Es hat auch Gehilfen, die Weihnachtsengelchen. Sie verteilen ebenso fleißig wie die Weihnachtswichtel die Geschenke an alle Kinder auf der ganzen weiten Welt.

Wenn das Glöckchen klingelt

In einigen Familien dürfen alle erst in die Stube mit dem Weihnachtsbaum, wenn ein Glöckchen läutet. So können das Christkind, die Weihnachtsengel oder Wichtel in Ruhe die Geschenke bringen, ohne gestört zu werden. Das mögen sie nämlich gar nicht. Manchmal ist da noch ein goldenes Engelshaar am Baum oder am Fenstergriff oder ein paar Nüsse auf dem Boden, die einem Weihnachtswichtel aus dem Sack gefallen sind. Dann weißt du: Hier ist das Christkind langgekommen oder einer seiner Gehilfen.

Weihnachtsmannfigur basteln

Für 1 Weihnachtsmann brauchst du:

- *Schere*
- *rote Bastelfolie*
- *Kleber*
- *1 Klopapierrolle*
- *weißes Bastelpapier*
- *Wackelaugen (oder schwarzen Stift)*
- *1 kleinen roten Pompon (für die Nase)*
- *roten Stoffrest (für die Mütze)*
- *Stück Band/Schleife*

1. Schneide von der roten Bastelfolie so viel aus, dass sie zwei Drittel der Klopapierrolle bedeckt. Klebe die Folie unten einmal um die Rolle herum.

2. Male auf das weiße Papier ein Dreieck mit welligen Rändern auf, schneide es aus und klebe es als Bart auf das obere Drittel der Klopapierroll, und zwar so, dass das obere Ende des Bartes ungefähr mit dem oberen Rand der roten Folie abschließt.

3. Klebe die Wackelaugen darüber (oder male sie mit einem schwarzen Stift auf).

4. Klebe die Pomponnase oben in die Mitte des Bartes.

5. Nun schneidest du von dem Stoffrest so viel ab, dass er um die Klopapierrolle herumreicht. Klebe den Stoff oben einmal um die Rolle herum fest. Schnüre die Mütze mit dem Band oder der Schleife zusammen. Statt eines Weihnachtsmannes kannst du auch ganz einfach einen Schneemann oder einen Engel basteln. Du brauchst nur etwas andere Farben bei Folie, Papier und Stoff.*

*** Von unten lässt sich auch etwas Kleines in den Weihnachtsfiguren verstecken.**

Warum wir Weihnachten feiern

Vor über 2.000 Jahren wurde Jesus in einem Stall in Bethlehem geboren. Und das kam so: Damals regierte Kaiser Augustus. Der wollte wissen, wie viele Menschen in seinem Land lebten. Darum sollte sich jeder in seine Heimatstadt begeben, um sich zählen zu lassen. So machten sich auch Josef und Maria auf den Weg nach Bethlehem. Maria war hochschwanger. Weil sie keine Unterkunft finden konnten, zogen sie in einen Stall ein, wo das Jesuskind geboren wurde. Sie legten es in die Futterkrippe des Ochsen, der im Stall wohnte.

Der Stern von Bethlehem

In dem Moment, in dem Jesus auf die Welt kam, erstrahlte über dem Stall ein sehr großer, sehr heller Stern, der Stern von Bethlehem. Auch die Hirten, die in der Nähe ihre Schafe hüteten, sahen den Stern. Und dann erschienen ihnen plötzlich die Engel und verkündeten, dass das Jesuskind kein „normales" Baby, sondern Gottes Sohn sei. Die Hirten machten sich gleich auf den Weg, um das Jesuskind mit eigenen Augen zu sehen, und erzählten danach überall davon, denn das war ja wirklich ein großes Wunder. Und genau dieses Wunder feiern viele Menschen bis heute jedes Jahr wieder.

Viele feiern Weihnachten wie wir

Weihnachten ist ein christliches Fest. Das heißt, es wird von den Menschen gefeiert, die an Gott glauben, der den Himmel und die Erde geschaffen hat, und an Jesus als Gottes Sohn. Das nennt man auch „Religion". In der Bibel, das ist ein dickes, sehr altes Buch, stehen viele Geschichten über Gott und die Menschen. Die meisten Länder Europas haben mehrheitlich den christlichen Glauben und darum feiern so viele Menschen unserer Nachbarländer Weihnachten wie wir. Es gibt aber viele Menschen, die haben eine andere Religion mit anderen Festen. Auch sie feiern und essen gemeinsam und beschenken sich gegenseitig.

Im Wort „Weihnachten" steckt das Wort „Weih", was früher als altes deutsches Wort „Wih" geschrieben wurde. Es bedeutet „heilig". Also heißt „Weihnachten" übersetzt in der alten deutschen Sprache „heilige Nacht".

Weihnachtsbaum-Brownies

Für 11 Bäumchen brauchst du:

Für die Brownies:
200 g Zartbitterkuvertüre
150 g Walnusskerne
4 Eier
100 g Zucker
200 g weiche Butter
1–2 TL Lebkuchengewürz
200 g Mehl

Für die Glasur:
200 g Vollmilch- oder Zartbitterkuvertüre
100 g weiße Kuvertüre
Mini-Schokolinsen

Außerdem:
rechteckige Backform mit 23 × 35 cm
Blitzhacker

Zubereitungszeit:
ca. 50 Min.
+ ca. 20 Min. Backzeit

1. Hacke die Kuvertüre und schmilz sie unter Rühren in einer Schüssel über dem warmen Wasserbad. Heize den Backofen auf 170 °C (Ober- und Unterhitze) vor.

2. Mahle die Walnüsse im Blitzhacker. Rühre die Eier mit dem Zucker und der Butter schaumig. Gib die geschmolzene Kuvertüre und das Lebkuchengewürz dazu. Mische jetzt die Walnüsse, dann das Mehl kurz unter.

3. Fülle den Teig in die Backform (mit Backpapier ausgelegt) und streiche ihn glatt. Backe ihn im Ofen auf der mittleren Schiene etwa 20 Minuten. Stürze den Kuchen nach dem Abkühlen auf eine Unterlage.

4. Hacke für die Glasur die Kuvertüre und lass sie im Wasserbad schmelzen. Bestreiche die Kuchenplatte mit der dunklen Kuvertüre und lass sie kurz antrocknen.

5. Schneide die Kuchenplatte dann der Länge nach in 4 etwa 5½ cm breite Streifen.

6. Aus jedem Streifen schneidest du nun zickzackförmig die Tannenbäume aus. Rücke die Bäumchen etwas auseinander und lass sie trocknen.

7. Jetzt hackst du die weiße Kuvertüre und lässt sie in einer Schüssel im warmen Wasserbad schmelzen.

8. Fülle nun die weiße Kuvertüre in einen kleinen Gefrierbeutel, von dem du eine kleine Ecke abschneidest. Male damit geschwungene Schokoladenlinien auf die Weihnachtsbäume und schmücke sie dann mit den Schokolinsen als Christbaumkugeln.

Weihnachtliche Geschenke im Glas

Für 2 Gläser brauchst du:

- *1 weißes Blatt DIN-A4-Blatt Bastelpapier*
- *1 weißen DIN-A4-Bogen Fotokarton*
- *Stifte**
- *Schere*
- *Kleber*
- *2 Schraubgläser mit Deckel (max. 7 cm Durchmesser)*
- *Muffin-Papierförmchen*
- *2 Gummibänder oder Schleifen*

1. Male auf ein weißes Bastelpapier oder Karton eine Weihnachtsfigur wie den Weihnachtsmann, einen Engel, ein Rentier mit einer roten Nase ...

2. Schneide die Figur aus und klebe sie auf das Glas. Wenn du willst, kannst du sie aus einem Fenster gucken lassen, das du ebenfalls auf das Papier aufmalst und ausschneidest.

3. Jetzt befülle dein Glas mit Keksen mit oder ohne Tütchen oder anderen kleinen Geschenken. Verschließe das Glas mit dem Deckel, setze ein Muffin-Papierförmchen obendrauf und binde eine hübsche Schleife oder ein Gummiband darum.

*** rot, blau, schwarz, vielleicht weiß**

O Tannenbaum, o Tannenbaum

Bestimmt habt auch ihr an Weihnachten einen festlich geschmückten Baum, nicht wahr? Die meisten Menschen in Deutschland haben einen Weihnachtsbaum, weil sein schöner Anblick für so eine festliche und erhebende Stimmung an Weihnachten sorgt.

Du grünst nicht nur zur Sommerszeit

Schon die Menschen im Mittelalter verzierten Haus und Hof zur Weihnachtszeit mit immergrünen Zweigen. Immergrün sind Pflanzen, die auch im Winter ihr Laub oder ihre Nadeln nicht verlieren. Die Farbe Grün steht nämlich für Fruchtbarkeit und Lebenskraft und das wünschte man sich am Ende des alten Jahres eben fürs neue Jahr. Das Immergrün im tiefsten Winter erinnert die Menschen von jeher daran, dass die Natur im Frühling wiedererwachen wird.
Aus den einzelnen Zweigen wurde vor 500 Jahren dann ein ganzer Baum, den man mit Süßigkeiten, roten Äpfeln und Kerzen schmückte. Einige Weihnachtsbäume hingen früher übrigens von der Decke, wenn die Stube zu klein war, um einen darin aufzustellen.

Schmuck für den Baum

Die roten Äpfel wurden erst 300 Jahre später zu den heutigen Christbaumkugeln, die es aber natürlich nicht mehr nur in Rot gibt, sondern in allen erdenklichen Farben und mit hübschen Verzierungen. Auch das Lametta wurde erfunden, um das Glitzern der Eiszapfen nachzuempfinden. Die elektrischen Lichterketten, die inzwischen bei vielen von uns am Baum leuchten, kamen dann später noch dazu. Zum typischen Weihnachtsschmuck zählen heute noch Engels- und andere kleine Holzfiguren wie Maria, Josef und die Hirten, Strohsterne und Herzen sowie natürlich der große Stern auf der Spitze, der für den Stern von Bethlehem steht, der über der Krippe leuchtete, in der Jesus geboren wurde.

Wie ist euer Baum geschmückt? Mit Christbaumkugeln in Rot und Grün, Gold und Silber oder kunterbunt? Mit Anhängern aus Stroh oder Stoffherzen? Mit Lametta oder ohne? Und habt ihr eine Tanne, eine Fichte oder eine Kiefer? Ja, es gibt so viele Unterschiede. Zum Staunen!

Fichte oder Kiefer?

Für welchen Baum man sich entscheidet, ist Geschmackssache und manchmal Geldsache, denn Weihnachtsbäume können ganz schön teuer sein.

Am meisten unterscheiden sich die Nadeln voneinander. Es gibt zum Beispiel den Merkspruch: „Die Fichte sticht, die Tanne nicht." Du kannst schon erahnen: Die Nadeln der Fichte sitzen überall am Zweig und sind sehr spitz. Außerdem hängen ihre Zapfen nach unten. Die Rinde ihres Stammes ist bräunlich rot und dünnschuppig. Die Fichte ist nicht so teuer, dafür hält sie aber auch nicht so lang, was bedeutet, dass sie schon nach wenigen Tagen im Warmen ihre Nadeln verliert, also „nadelt". Die Nadeln der Kiefer sind sehr lang und biegbar. Auch ihre Zapfen hängen. Ihre Rinde ist gelblich bis rötlich und sehr schuppig. Kiefern werden bei uns recht selten als Weihnachtsbaum genutzt. Dabei bleiben sie in der Wohnung richtig schön lange frisch und duften so gut nach Wald. Aber sie sind relativ schwer zu schmücken, weil ihre Nadeln so lang sind und in Büscheln angeordnet.

Stellt den Weihnachtsbaum erst 1 bis 2 Tage vor Weihnachten drinnen auf, damit er nicht zu früh seine Nadeln verliert.

Die Nordmanntanne

Der beliebteste Nadelbaum zu Weihnachten ist die Nordmanntanne. Bei der Tanne sind die Nadeln in Reihen angeordnet, ihre Enden sind rundlich und stumpf, darum piksen sie nicht so. Ihre Zapfen stehen auf den Zweigen und ihre Rinde ist hübsch weißlich grau und glatt. Ihre Zweige können schweren Weihnachtsschmuck tragen und ihre Nadeln halten schön lang. Darum sind Tannen aber auch die teuersten unter den Weihnachtsbäumen.

Stern für die Weihnachtsbaumspitze

Dafür brauchst du:

- *5 dünne und gleich lange Stöcke, 20–30 cm lang**
- *dünne Schnur*
- *Schere*

*** Vielleicht hast du Lust, sie im Wald zu sammeln?**

Nimm die Enden von zwei Stöcken und binde sie mit einem Stück Schnur zusammen. Lege sie so, dass sie ein Dreieck bilden.

Nimm den dritten Stock und binde sein Ende mit dem freien Ende des rechten Stockes des Dreiecks zusammen.

Nimm nun den vierten Stock und binde sein Ende mit dem freien Ende des linken Stockes des Dreiecks zusammen.

Verbinde die Enden des fünften Stocks mit den offenen Enden von dritten und vierten Stock. Jetzt ist ein Stern schon fertig.

Nun umwickelst du deinen Stern von einer Zackenecke oben bis zur Mitte mit der Schnur, von dort gehst du direkt weiter zum benachbarten Zacken, den du von unten nach oben zur Spitze hin umwickelst. Schneide oben angekommen die Schnur ab und verknote sie gut. Dann nimm dir den nächsten freien Zacken vor und wiederhole das Ganze, bis alle Zacken von der Schnur umwickelt sind.

1. und 2. *Verbinde Stock 1 und 2 mit dem Faden.*
3. *Umwickele die Zacken mit der Schnur.*
4. *Verknote den Faden am Ende gut und schneide ihn ab.*

Engelsaugen mit Schneegestöber

Für ca. 30 Stück brauchst du:

100 g Cashewkerne
120 g Mehl
40 g Puderzucker
2 Eigelb (wie du Eier trennst, erfährst du auf Seite 128)
80 g weiche Butter
*2–3 EL Lemon Curd**
Puderzucker zum Bestäuben

Außerdem:
Blitzhacker

Zubereitungszeit:
ca. 30 Min.
+ ca. 30 Min. Kühlzeit
+ 13–15 Min. Backzeit

1. Mahle die Cashewkerne im Blitzhacker fein. Fülle sie dann mit dem Mehl, dem Puderzucker und den Eigelben in eine Schüssel.

2. Würfele die weiche Butter, gib sie dazu und verknete alles zu einem glatten Teig. Stelle den Teig dann etwa 30 Minuten kühl.

3. Heize den Backofen auf 180 °C (Ober- und Unterhitze) vor und belege ein Backblech mit Backpapier.

4. Zupfe nach der Kühlzeit vom Teig Stückchen ab und forme sie zwischen den Handflächen zu walnussgroßen Kugeln. Setze die Kugeln aufs Backblech und drücke bei jeder Kugel in die Mitte mit dem Finger eine Mulde. Dann drücke die Kugeln an zwei gegenüberliegenden Enden etwas spitz zusammen, damit die Plätzchen wie Augen aussehen.

5. Nun müssen die Engelsaugen im Ofen auf der mittleren Schiene 13 bis 15 Minuten backen.

6. Fülle die Vertiefungen der noch warmen Plätzchen anschließend mit einem Teelöffel mit Lemon Curd oder deiner Lieblingskonfitüre, lass es etwas antrocknen und bestäube die Engelsaugen am Schluss mit Puderzucker.

*** Eine Art Zitronencreme oder deine Lieblingskonfitüre für die Füllung (wie wäre es mit deiner selbst gemachten Orangenmarmelade von Seite 78?)**

Wer bringt die Geschenke in anderen Ländern?

Bei euch bringt wahrscheinlich der Weihnachtsmann oder das Christkind die Weihnachtsgeschenke. Und du weißt schon, dass es in Norwegen der Julenisse ist, in Schweden Tomte, Tonttu in Finnland und in Island sind es sogar die 13 Weihnachtszwerge. Auch in anderen Ländern dieser Welt kommt meist der Weihnachtsmann oder das Christkind, sie heißen dort aber etwas anders, eben so, wie man sie in der jeweiligen Sprache, die die Menschen dort sprechen, nennt.

Vater Weihnachten

In Großbritannien und den USA heißt der Weihnachtsmann *Santa Claus* (das bedeutet „heiliger Klaus", Klaus ist sozusagen der Spitzname von „Nikolaus"), in Frankreich *Père Noël*, in Portugal *Pai Natal* und in Italien *Babbo Natale* (was alles „Vater Weihnachten" heißt). In Kolumbien kommt das Christkind und heißt dort *El Niño* (ausgesprochen so: „El Ninjo") oder *Niño Dios* („Ninjo Djos"). Das ist Spanisch, die Sprache, die man in Kolumbien spricht.

Väterchen Frost

In Russland nennen die Kinder den Weihnachtsmann „Väterchen Frost" (auf Russisch heißt das *Deduschka Moros*). Väterchen Frost ist der Winterzauberer, der Eis und Schnee herbeizaubert. Er beschenkt die Kinder aber erst in der Nacht zum Neujahrstag, also vom 31. Dezember auf den 1. Januar. Er trägt manchmal einen roten Mantel, meist aber einen weißen oder blauen. Er hat auch eine Gehilfin, seine Tochter, das „Schneemädchen". Das Schneemädchen ist sehr hübsch gekleidet, es trägt einen langen blauen Mantel und dazu eine Krone oder eine reich bestickte Mütze auf dem Kopf.

Hier kommen die Geschenke später

In Spanien müssen die Kinder sogar noch länger auf ihre Geschenke warten, hier bringen sie nämlich erst am 6. Januar die Heiligen Drei Könige, die *Reyes Magos*. Sie kommen meistens auf ihren Kamelen angeritten. In vielen Städten feiert man diesen Tag mit großen Festumzügen, die die Könige begleiten.

Weihnachtshexe

Auch in Italien kommt in einigen Familien nicht der *Babbo Natale* am 24. Dezember, sondern die gute Hexe *Befana* in der Nacht vom 5. auf den 6. Januar. Die Hexe hat damals von den Hirten auf dem Feld von der Geburt des Jesuskinds erfahren und wollte sie eigentlich auf ihrem Besen begleiten. Leider ist sie nicht rechtzeitig losgeflogen und verpasste den Stern von Bethlehem, der ihr den Weg gewiesen hätte. So sucht sie bis heute in jedem Haus in der Nacht vom 5. auf den 6. Januar nach dem Jesuskind. Sie rauscht durch die Schornsteine, und weil sie nicht weiß, wie das Jesuskind aussieht, lässt sie zur Sicherheit für jedes Kind Geschenke da. Und manchmal ein paar schwarze Kohlestückchen.

Sinterklaas und Zwarter Piet

In den Niederlanden bekommen die meisten Kinder ihre Geschenke schon sehr früh, nämlich am 5. Dezember, dem „Pakjesavond“, was „Päckchenabend“ bedeutet.

Eigentlich reiten Hexen auf einem Besen. Aber in Venedig nehmen sie auch mal eine Gondel, weil es hier so viel Wasser gibt.

Er ist ein Teil der *Sinterklaas*-Feierlichkeiten, die in den Niederlanden ganz wichtig sind. *Sinterklaas* ist der niederländische Nikolaus und er ist in den Niederlanden sogar wichtiger als der Weihnachtsmann. Sein Gehilfe heißt *Zwarter Piet* (was übersetzt „Schwarzer Peter“ bedeutet), ein lustiger Geselle mit schwarz bemaltem Gesicht, bunter Pumphose und einem Hut mit Feder drauf, der Süßigkeiten an die Kinder verteilt. *Sinterklaas* erreicht die Niederlande jedes Jahr schon Mitte November mit dem Dampfschiff, was riesengroß gefeiert wird. Nach seiner Ankunft beginnen die Kinder, ihren Schuh vor dem Kamin aufzustellen, in dem ihr Wunschzettel steckt, etwas Heu und eine Möhre für das Pferd von *Sinterklaas*.

Rudolf mit der roten Nase aus Korken

Für 1 Rentier brauchst du:

- *2 Korken*
- *1 Stricknadel*
- *3 Stecknadeln**
- *5 kurze, gleich lange Zweige*
- *2 längere Zweige, vielleicht oben verzweigt*
- *1 kleinen Zapfen (z. B. von der Erle)*
- *kleinen, länglichen Stoffrest*

*** 2 mit schwarzem, 1 mit rotem Kopf**

1. Erster Korken: Stich mit der Stricknadel vier Löcher an die Unterseite für die Beine, ein Loch an die Rückseite für den Schwanz und ein Loch vorn an der Oberseite für den Hals.

2. Zweiter Korken: Stich hinten unten ein Loch für den Hals hinein und oben hinten rechts und links je ein Loch für das Geweih.

3. Erster Korken: Stecke die vier Beine unten in die vier Löcher. Versuche, den Korken auf die vier Beine zu stellen. Wenn er noch kippt, richte die Beine so lange aus, bis der Korken fest steht. Stecke dann den kleinen Zapfen in das Loch hinten als Schwanz.

4. Zweiter Korken: Stecke vorn die Stecknadel mit dem roten Kopf als Nase auf den Korken, etwas weiter hinten rechts und links die zwei Stecknadeln mit dem schwarzen Kopf als Augen. Stecke dann noch das Geweih in die beiden Löcher oben auf dem Korken.

5. Verbinde nun die beiden Korken mit dem letzten Zweig als Hals und binde den Stoffrest als Schal darum.

Was passiert nach Weihnachten?

Bist du auch immer ein bisschen traurig, wenn Weihnachten vorbei ist? Aber es gibt noch ein paar schöne Dinge, auf die du dich auch nach Weihnachten freuen kannst.

Raunächte zum Wünschewünschen

Am 25. Dezember beginnen die Raunächte. Das sind zwölf Nächte, die bis zum 6. Dezember gehen. Sie stehen für die zwölf Monate im neuen Jahr. Es sind die dunkelsten Tage im Jahr. Ab jetzt werden die Tage aber ganz langsam wieder heller. Es heißt, die Raunächte seien die Zeit, in der Wünsche für das neue Jahr gesprochen werden können, die dann erfüllt werden. Wenn du Lust hast, überlege dir an Weihnachten zwölf Wünsche für das nächste Jahr, schreibe sie auf kleine Zettel und falte sie zusammen. Ziehe dann ab dem 25. Dezember jeden Tag einen der Zettel und verbrenne ihn, aber ohne ihn zu lesen. Das machst du unter Aufsicht am besten draußen auf steinigem Untergrund, damit nichts anbrennen kann.

Die Heiligen Drei Könige

Am 6. Januar ist der Dreikönigstag. An diesem Tag sind damals die Heiligen Drei Könige aus dem Morgenland beim Jesuskind angekommen, um ihm ihre Geschenke zu überreichen: Weihrauch von Caspar, Gold von Melchior und Myrrhe von Balthasar. Es gibt in einigen Ländern und auch bei uns den schönen Brauch der Sternsinger: Kinder verkleiden sich als die Heiligen Drei Könige und ziehen singend von Haus zu Haus, um Spenden für wohltätige Zwecke zu sammeln. In einigen Ländern isst man an diesem Tag auch den Dreikönigskuchen. Das ist ein oftmals runder Hefekuchen, in dem ein kleiner König aus Porzellan versteckt ist. Wer ihn findet, darf die Krone aufsetzen, die in der Mitte des Kuchens sitzt. Vielleicht backt ihr zum nächsten 6. Januar auch einfach mal so einen Kuchen, dann ist der Abschied vom Weihnachtsbaum nicht so traurig. Das Rezept dazu findest du auf der nächsten Seite.

Dreikönigskuchen aus der Kastenform

Für 1 Kuchen brauchst du:

30 g gehackte Mandeln
etwas weiche Butter für die Form
400 g Blätterteig (aus dem Kühlregal)
1 EL Aprikosenkonfitüre
5 Eier, 140 g Zucker
¼ TL und 2 Prisen Salz
abgeriebene Schale von 1 Bio-Zitrone
70 g kalte Butter
25 g gehackte Belegkirschen
15 g gehacktes Zitronat
135 g Mehl (Type 550)
70 g Sultaninen
Puderzucker zum Bestäuben

Außerdem:
Kastenform (25 cm)

Zubereitungszeit:
ca. 30 Min.
+ ca. 1 Std. Backzeit

1. Röste die Mandeln in einer Pfanne ohne Fett an, bis sie duften. Lass sie auf einem Teller abkühlen.

2. Fette die Form ein. Rolle zwei Drittel des Blätterteigs dünn aus und lege die Form damit aus. Bestreiche den Teig mit Konfitüre.

3. Heize den Backofen auf 175 °C (Ober- und Unterhitze) vor. Trenne die Eier. Stelle 1 Eigelb und alle Eiweiße beiseite. Rühre die übrigen Eigelbe, 70 g Zucker, ¼ TL Salz und die Zitronenschale mit den Quirlen des Handrührgeräts in einer Schüssel schaumig.

4. Hacke die Butter in kleine Stücke. Vermische Butter, Kirschen und Zitronat mit Mehl, Sultaninen und Mandeln in einer weiteren Schüssel.

5. Schlage die Eiweiße mit 1 Prise Salz steif. Lasse dabei den restlichen Zucker einrieseln, bis eine steife, glänzende Masse entstanden ist. Hebe abwechselnd Eischnee und Mehlmischung unter die Eigelbmasse. Fülle die Masse in die Form. Schneide den restlichen Blätterteig in Streifen und lege ihn als Gitter auf den Teig. Verquirle das übrige Eigelb mit 1 Prise Salz und 1 EL Wasser und bestreiche damit das Gitter.

6. Backe den Kuchen im Ofen auf der mittleren Schiene etwa 1 Stunde goldbraun. Decke ihn, wenn er oben zu dunkel wird, mit Backpapier ab. Nimm ihn heraus und lass ihn kurz abkühlen. Löse den Kuchen dann vorsichtig aus der Form und bestäube ihn mit Puderzucker.

Wissen für kleine Backprofis

Bevor es losgeht, heißt es erst einmal: Hände waschen, lange Haare zusammen- und eine Schürze umbinden. Beim Backen ist ganz wichtig, dass du dich genau ans Rezept hältst und die Mengen exakt abwiegst und abmisst. Lass dir von einem Erwachsenen zeigen, wie das Handrührgerät und der Backofen funktionieren, und bei allem helfen, was mit Messern zu tun hat, besonders schwierig ist oder heiß werden kann. Und nicht vergessen: Topfhandschuhe verwenden und einen Küchenwecker stellen!

Backpulver

Man mischt Backpulver unter den Teig, weil sich damit beim Backen das Gas Kohlendioxid entwickelt. Das Gas „bläht" den Teig auf, so wird das Gebäck hinterher luftig und locker.

Eier trennen

Nimm das Ei in eine Hand. Halte es schön fest. Schlage nun mit einem Messerchen einmal quer auf die Schale, sodass ein Riss entsteht. Öffne das Ei dann langsam über einer kleinen Schale. Nun lässt du das Eigelb immer wieder von einer in die andere Eierschalenseite gleiten. Das Eiweiß tropft währenddessen in die Schale. Am Ende bleibt nur noch das Eigelb in der Eierschale übrig.

Hefe

Frische, zu Würfeln à 42 g gepresste Bäckerhefe findest du im Supermarkt im Kühlregal. Zum Backen kannst du aber auch getrocknete, pulverisierte Hefe aus dem Tütchen nehmen. Die Hefezellen machen genau dasselbe wie das Backpulver: Sie produzieren das Gas Kohlendioxid, das den Teig in die Höhe treibt. Damit das funktioniert, brauchen die Hefen Zucker, Wasser, Wärme und „Knetarbeit".

Kuvertüre

Kuvertüre ist eine Schokoladenüberzugsmasse. Das heißt, es ist Schokolade, die sich besonders gut schmelzen lässt und mit der man dann Kuchen und Plätzchen überziehen kann.

Prise

Eine Prise ist die Menge, die du zwischen deinem Zeigefinger und Daumen fassen kannst.

Stäbchenprobe

Stich mit einem langen Holzspieß tief ins Gebäck. Wenn beim Herausziehen weder Teig noch Brösel daran haften, dann ist dein Kuchen sicher fertig gebacken. Ansonsten lass ihn noch ein paar Minuten länger im Ofen und mache dann erneut die Stäbchenprobe.

Wasserbad

Du brauchst dafür einen großen Kochtopf und eine kleine Metallschüssel. In die kleine Schüssel füllst du deine zerkleinerte, noch harte Kuvertüre. Fülle den großen Topf mit etwas Wasser und stelle ihn auf den Herd. Setze die kleine Schüssel vorsichtig so hinein, dass sie auf dem Rand des großen Topfes aufsitzt, das Wasser aber nicht berührt. Jetzt schalte die Herdplatte auf mittlerer Stufe ein. Das Wasser soll nicht zu heiß werden (auf keinen Fall kochen!). Und es darf kein Wasser in die Schüssel spritzen. Während deine Kuvertüre schmilzt, musst du oft umrühren. Wenn die Kuvertüre fertig geschmolzen ist, stelle die Herdplatte aus und nimm den Topf herunter. Lege ein Handtuch auf der Arbeitsfläche bereit und hebe die Schüssel mit Topfhandschuhen vorsichtig aus dem Topf und stelle sie darauf ab. Lass die Kuvertüre etwas abkühlen, bis sie zähflüssig ist.

Welches Mehl?

Das feinste Mehl ist das Weizenmehl Type 405, deshalb wird überwiegend damit gebacken. Aber auch Dinkelmehl Type 630 ist prima.

Zimt

Zimt ist ein sehr beliebtes Weihnachtsgewürz. Die berühmtesten Kekse mit Zimt sind wohl die Zimtsterne. Zimt ist auch sehr gesund. Allerdings sollte man immer darauf achten, Zimt zu kaufen, der so wenig Cumarin wie möglich enthält. Das ist zum Beispiel bei Ceylon-Zimt der Fall, am besten in Bio-Qualität. Wenn man nicht sicher ist, ob in dem Zimt, der verwendet wurde, Cumarin enthalten ist, dann kann man sich nach dieser Angabe richten: Kinder, die bis zu 15 kg wiegen, sollten nicht mehr als 6 kleine Zimtsterne oder 100 g Lebkuchen am Tag essen. Und das ist ja schon eine ganze Menge.

Rezeptregister

A/B/C

Anis-Orangen-Schneehäufchen **95**
Brotaufstriche, weihnachtliche **78**
Brownies, Weihnachtsbaum- **107**
Cupcakes, zweierlei Weihnachts- **45**

D/E/G

Dreikönigskuchen aus der Kastenform **127**
Engelsaugen **117**
Essbarer Weihnachtsbaumschmuck **34**
Gewürzschokolade **22**

K/L/M

Kinderpunsch **22**
Lebkuchen, Mini-, mit Soft-Kirschen **47**
Mandeltaler mit Schokolade **61**
Mini-Lebkuchen mit Soft-Kirschen **47**

R/S

Rentier-Cookies **37**
Schneehäufchen, Anis-Orangen- **95**

W

Weihnachtliche Brotaufstriche **78**
Weihnachtsbaum-Brownies **107**
Weihnachtsbaumschmuck, essbarer **34**
Weihnachtsplätzchen **52–55**

Z

Zimtschnecken **77**
Zweierlei Weihnachts-Cupcakes **45**

Bastelregister

A

Adventskalender selbst basteln **27**
Adventskranz selbst binden **10–13**

B

Bilderrahmen-Wunschzettel **16**

F

Fingerabdruck-Schneemann-Karte **85**

G

Geschenkanhänger, Mini-Nikolaus- **49**
Geschenke im Glas, weihnachtliche **109**
Geschenke, kleine,
für den Adventskalender **28–31**
Geschenktüten, Lebkuchenhaus- **91**

K

Karte, Fingerabdruck-Schneemann- **85**
Karte, Knopftannen- **83**
Kleine Geschenke
für den Adventskalender **28, 31**
Knopftannen-Weihnachtskarte **83**

L/M/P

Lebkuchenhaus-Geschenktüten **91**
Mäuse aus Zapfen und Walnüssen **57**
Mini-Nikolaus-Geschenkanhänger **49**
Putzige Socken-Schneemänner **32**

R

Rudolf mit der roten Nase aus Korken **123**
Rudolf mit der roten Nase als Anhänger **64**

S

Schneekugeln selbst gemacht **71**
Schneelaterne **63**
Schwedische Weihnachtswichtel **38**
Socken-Schneemänner, putzige **32**
Stern für die Weihnachtsbaumspitze **114**

W

Weihnachtliche Geschenke im Glas **109**
Weihnachtsmannfigur basteln **103**
Weihnachtswichtel, schwedische **38**
Winterboten aus Flaschenkorken **73**
Wunschlisten-Wunschzettel **19**
Wunschzettel, Bilderrahmen- **16**

Sachregister

A/B/C

Adventskalender **24**
Adventskranz **8**
Barbarazweige **21**
Besenverstecken in Norwegen **86**
Christbaumkugel **111, 113**
Christkind **101**

D/F

Die bekanntesten Weihnachtlieder **89**
Fest der Liebe **50**
Fichte **113**

G/H

Geschenke **50, 101**
Heilige Drei Könige **124**

J/K

Jesuskind **24, 80, 92, 104, 120, 124**
Kiefer **113**

L/M/N

Lichterfest **74**
Luciafest **74**
Mistelzweig **68**
Nächstenliebe **50**
Nikolaus **42**
Nordmanntanne **113**

R/S/T

Rauhnächte **124**
Santa Claus **119**
Stern von Bethlehem **104**
Tannenbaum **111, 113**

V/W

Vater Weihnachten **119**
Väterchen Frost **119**
Weihnachtsbräuche auf der Welt **74, 86, 92, 96**
Weihnachtsengel **101**
Weihnachtshexe **120**
Weihnachtslieder, die bekanntesten **89**
Weihnachtsmann **101**
Weihnachtsuhr **24**
Weihnachtswichtel **101**
Winteranfang **15**

Ein wichtiger Hinweis

In der Adventszeit und an Weihnachten sorgen viele Kerzen für Licht und eine gemütliche Stimmung. Auch Maus, Ente und Elefant zünden gern Kerzen an. Wenn du eine Kerze anzünden willst, dann mache das nie alleine, sondern immer im Beisein von Mama oder Papa.

IMPRESSUM

Hinter jedem tollen Buch steckt ein starkes Team

Projektleitung: *Eva-Maria Hege, Isabella Thiel*
Texte: *Nina Schnackenbeck*
Rezepte: *ZS-Team*
Lektorat: *Eva-Maria Hege, Isabella Thiel*
Grafische Gestaltung und Satz: *Julia Arzberger*
Zeichnungen: *Ina Mertens*
Herstellung: *Frank Jansen*
Producing: *Jan Russok*
Druck & Bindung: *optimal media GmbH, Röbel*

© I. Schmitt-Menzel/Friedrich Streich WDR Mediagroup GmbH

Alle Rechte vorbehalten. All rights reserved.
Das Werk darf — auch teilweise — nur mit Genehmigung des Verlags wiedergegeben werden.

Weitere Bücher der Autoren bei ZS:

→ Kochen und backen mit der Maus
→ Drinnen & draußen mit der Maus

1. Auflage 2021
© 2021 Edel
Verlagsgruppe GmbH
Kaiserstraße 14 b
D-80801 München
ISBN: 978-3-96584-154-3

BILDNACHWEIS

Mit freundlicher Genehmigung von der Stiftung Das Rauhe Haus: S. 9 (oben)
Julia Hoersch: S. 3, 23, 26, 36, 44, 46, 54, 60, 76, 79, 90, 94, 106, 108, 116; A. Kramp/B. Gölling: S. 126; Michael Ruder: S. 11, 13, 17, 18, 29, 30, 33, 39, 56, 65, 70, 72, 82, 84; Alexander Walter/Maria Gilg: S. 48
mauritius images / Chromorange / Ernst Weingartner: S. 125; mauritius images / Image Source: S. 88
Shutterstock: Argentus: S. 59 (oben links); Artemsht: S. 97 (unten); Black Bourasque: S. 14 (oben); Bo Valentino: S. 112; Carol La Rosa: S. 122; Dietmar Rauscher: S. 121; Elovich: S. 33, 39, 115 (Holzputz); Erkki Makkonen: S. 62; Evgeny Atamanenko: S. 4; Feng Yu: S. 9, 59, 81, 87, 93, 97 (Reißnagelkopf); FooTToo: S. 81 (unten rechts); fortton: S. 59 (unten links); goir: S. 14, 51, 105 (Tafel); Ildi Papp: S. 53; Jorisvo: S. 43; JT888: S. 97 (oben); kiboka: S. 120; kipgodi: S. 105; Kobby Dagan: S. 80 (oben); Lina Balciunaite: S. 93 (unten); Little Adventures: S. 75; liveliness: S. 87 (unten links); Lunov Mykola: S. 35 (unten); Malin_82: S. 87 (unten rechts); marilou dipasupil: S. 81 (unten links); Maxbelchenko: S. 100; Michal Stipek: S. 9 (unten)
Nikolamirejovska: S 14, 51, 105 (Magnete); Oleksandr Rybitskiy: S. 69; Renu Jain_1: S. 59 (unten rechts); Retan: S. 59 (oben rechts); Romolo Tavani: S. 105 (oben); Seregam: S. 9, 59, 81, 87, 93, 97 (Pinnwand); SewCream: S. 51 (oben rechts); Siberian Art: S. 14 (unten); Starikov Pavel: S. 118; Stefan Rotter: S. 102; Sunfe: S. 35 (oben links); TarantulaToom: S. 35 (rechts oben); Tarasovastock: S. 51 (unten rechts); Tarasyuk Igor: S. 113; Tatyana Soares: S. 25; Tequiero: S. 87 (oben); Tetyana Kaganska: S. 51 (oben links); tomertu: S. 20; Tragoolchitr Jittasaiyapan: S. 93 (oben); Vastram: S. 31 (Tannenzapfen); VIMA photos: S. 115; White bear studio: S. 51 (unten links); Winning7799: S. 35 (Marmor); Yuganov Konstantin: S. 110

LIEBE LESER*INNEN

wie schön, dass Sie ein Buch von ZS in den Händen halten. „jetzt leben!“ ist das Motto unseres Verlages. Es steht für Genuss und Inspiration, Unterstützung und Motivation. Ob Kulinarik oder Fitness, Gesundheit oder Lebenshilfe – seit über 30 Jahren bieten wir kompetente Ratgeber für (fast) alle Lebenslagen. Wir lieben Tradition genauso wie Innovation – sie treiben uns an. Unsere Autor*innen sind Menschen, die zu ihrem Thema wirklich etwas zu sagen und zu schreiben haben. Unsere Produkte sind erzählerisch, appetitmachend und als gedruckte Bücher haptisch echte Erlebnisse. Für Sie mit ganz viel Liebe gemacht! Entdecken Sie mehr aus unserer wunderbaren Welt!

UNSER VERLAGSHAUS

Mit Standorten in München, Hamburg und Berlin zählt die Edel Verlagsgruppe zu den größten unabhängigen Buchanbietern Deutschlands. Zur Edel Verlagsgruppe gehört unter anderem ZS mit seinen Lizenzmarken Dr. Oetker Verlag, Kochen & Genießen und Phaidon by ZS.

ZS - Ein Verlag der Edel Verlagsgruppe
www.zsverlag.de
www.facebook.com/zsverlag
www.instagram.com/zsverlag

FÜR DIE UMWELT

ZS unterstützt bei der Produktion dieses Buches das Projekt „Junge Riesen für die nächsten 100 Jahre“ im Naturpark Nossentiner/Schwinzer Heide. Damit wird ein Anteil der unvermeidbaren CO_2-Emissionen im direkten Umfeld des Produktionsstandortes kompensiert.

PARTNER
Naturpark Nossentiner/Schwinzer Heide
www.optimal-media.com/naturschutzprojekt-001

NEWSLETTER

Ab sofort keine kulinarischen Trends mehr verpassen und gleichzeitig einen Kochkurs mit einem Spitzenkoch von ZS gewinnen?

Melden Sie sich jetzt beim ZS Newsletter an und bleiben über neue Bücher, Themenschwerpunkte und News immer informiert.

ANMELDEN!

Jetzt anmelden unter:
www.zsverlag.de/newsletter

GEWINNEN

Unter allen Neuabonnierenden verlosen wir jeden Monat *10 neue Bücher* und jährlich einen *Kochkurs* mit einem Spitzenkoch von ZS.

Großer Maus-Spaß für daheim!

Kochen und backen mit der Maus

14,99 € [D]
ISBN 978-3-89883-651-7

Drinnen & draußen mit der Maus

14,99 € [D]
ISBN 978-3-96584-101-7

Gleich weiterlesen!

Jetzt überall, wo es gute Bücher gibt.

Schluss mit der langen Rezeptsuche!

Sie suchen ein Rezept aus einem Ihrer vielen Kochbücher, wissen aber nicht mehr, in welchem Buch es steht? Kein Problem – die Rezept Scout-App verrät ganz schnell, welches Rezept wo zu finden ist.

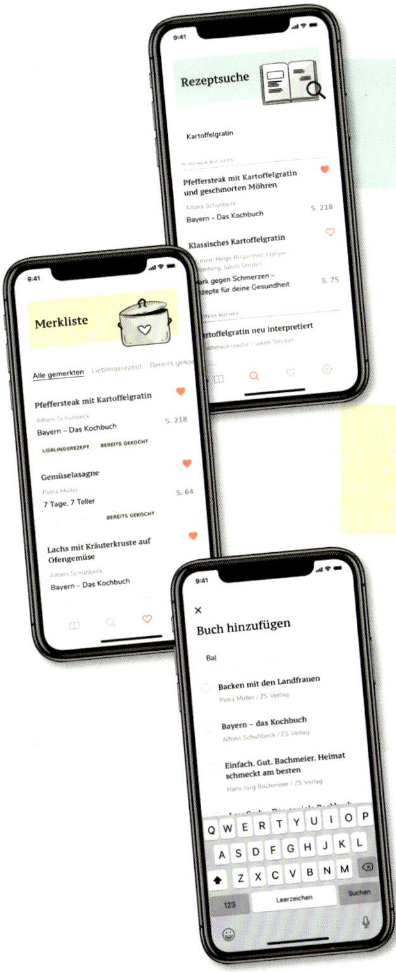

ENTDECKEN

Einfach Suchbegriff eingeben – und auf einen Blick entdecken, aus welchem Kochbuch die Rezepte sind

MERKEN

Lieblingsrezepte in der Merkliste speichern – und noch schneller finden

SAMMELN

Neue Kochbücher aus den Verlagen hinzufügen – für noch mehr leckere Rezepte

Erhältlich im App Store

JETZT BEI Google Play